船/舶/安/全/系/列/丛/书

船舶行业企业安全风险因素辨识与控制措施(作业活动篇)

吉洪文　主　编

哈尔滨工程大学出版社
Harbin Engineering University Press

内容简介

本书涵盖了船舶行业脚手架搭拆作业、有限空间作业、放射性检验作业等40多类作业活动的安全风险因素清单。风险因素清单首先以《生产过程危害和有害因素分类与代码》(GB/T 13861—2009)中规定的危险和有害因素以及《职业病危害因素分类目录》(国卫疾控发〔2015〕92号)中规定的职业病危害因素为依据确定安全风险类别,其次分析船舶行业企业作业活动安全风险产生的原因以及安全风险因素导致的危害,并依据安全风险辨识方法确定安全风险的等级,最终制定了相应的管控措施。本书内容翔实完整,通俗易懂。

本书可作为船舶行业企业日常安全风险隐患辨识与控制的参考用书,也可作为班组安全建设、岗位安全达标和安全生产知识普及用书。

图书在版编目(CIP)数据

船舶行业企业安全风险因素辨识与控制措施. 作业活动篇/吉洪文主编. —哈尔滨:哈尔滨工程大学出版社, 2021.9
ISBN 978-7-5661-3279-6

Ⅰ. ①船… Ⅱ. ①吉… Ⅲ. ①船厂-工业企业管理-安全管理-研究-中国 Ⅳ. ①F426.474

中国版本图书馆CIP数据核字(2021)第188028号

选题策划 史大伟 薛 力
责任编辑 张 彦 田雨虹
封面设计 李海波

出版发行 哈尔滨工程大学出版社
社　　址 哈尔滨市南岗区南通大街145号
邮政编码 150001
发行电话 0451-82519328
传　　真 0451-82519699
经　　销 新华书店
印　　刷 北京中石油彩色印刷有限责任公司
开　　本 787 mm×1 092 mm 1/16
印　　张 8.5
字　　数 161千字
版　　次 2021年9月第1版
印　　次 2021年9月第1次印刷
定　　价 34.00元
http://www.hrbeupress.com
E-mail:heupress@hrbeu.edu.cn

编　委　会

主　编　吉洪文

参　编　李倩倩　匡文琪　王靖瑶　李巧平
李柏超　王义冬　石　隽　王金成
吴建军　林　骏　刘　伟　胡杰鑫
崔　铮　宋莎莎　杨　莲　徐　哲
杨倩倩　史晓慧　宋　磊　祝　楷

前　言

为深入贯彻落实中共中央、国务院关于加强安全风险管控和隐患排查“双控机制”的指示，落实国务院安全生产委员会、国务院国有资产监督管理委员会、国家国防科技工业局等上级部门关于建立、健全企业安全风险管控与隐患排查工作的具体要求，推动船舶行业企业安全风险管控与隐患排查工作深入开展，中国船舶工业综合技术经济研究院组织编写了《船舶行业企业安全风险因素辨识与控制措施（作业活动篇）》。本书详细列出了船舶行业企业主要作业活动存在的安全风险类别、安全风险产生的原因、导致的危害以及所要采取的控制措施，对进一步提高船舶行业企业安全生产管理人员安全风险辨识和隐患排查能力，有效指导各单位顺利开展安全管理工作起到重要作用。

2021 年 9 月 1 日实施的新修订的《中华人民共和国安全生产法》明确规定了生产经营单位的主要负责人对本单位安全生产工作负有“组织建立并落实安全风险分级管控和隐患排查治理双重预防工作机制，督促、检查本单位的安全生产工作，及时消除生产安全事故隐患”的职责。《中华人民共和国安全生产法》还规定了“生产经营单位应当建立安全风险分级管控制度，按照安全风险分级采取相应的管控措施”。此次新修订的《中华人民共和国安全生产法》对船舶行业企业安全风险管控与隐患排查工作都提出了更高、更具体的要求，这对于企业安全生产管理工作也是更加严格的考验。本书的编写顺应了新时期船舶行业企业安全生产工作的新需求，有利于企业安全管理人员业务能力的提升。

众所周知，船舶制造过程工序复杂，涉及的作业场所众多，存在安全风险因素繁杂，辨识难度大，控制措施难以制定、实施等问题。本书涵盖了船舶行业企业脚手架搭拆作业、有限空间作业、放射性检验作业等近 40 处作业活动的安全风险因素清单。本书所列的风险因素清单首先以《生产过程危害和有害因素分类与代码》（GB/T 1386—2009）规定的危险和有害因素以及《职业病危害因素分类目录》（国卫疾控发〔2015〕92 号）中规定的职业病危害因素为依据确定了船舶行业企业作业活动安全风险类别，其次分析了安全风险产生的原因以及安全风险导致的危害，并依据安全风险辨识方法确定安全风险的等级，最终制定了相应的管控措施，有效解决了上述安全风险管理过程中存在的问题。本书内容翔实完整，通俗易懂。

本书以科学性、客观性、适用性为原则，详细编制了船舶行业企业作业活动安全风险隐患辨识与控制措施，强化了企业日常安全风险与隐患辨识的常态化管理。

在本书编写过程中，编者参阅了相关的书籍资料，听取了相关安全生产专家的宝贵意见和建议，也得到了各界领导的支持和指导，在此一并表示衷心感谢!

由于编者水平有限，书中难免存在疏漏之处，敬请读者批评指正，以便改进。

编　者

2021 年于北京

目　　录

表1　脚手架搭拆作业安全风险因素清单

序号	作业活动	安全风险因素	安全风险原因	安全风险危害	安全风险分析方法	安全风险等级	管控措施
1	脚手架搭拆作业	人的因素	脚手架搭架作业人员未持证上岗	高处坠落、物体打击			教育培训管理部门应组织脚手架搭架人员参加特种作业人员培训，并确保《特种作业人员操作证》有效
2			脚手架搭架作业人员患有高处作业禁忌证	高处坠落			人事部门应做好人员招聘过程中的体检工作
3			现场作业人员未穿戴劳防用品或劳防用品穿戴不规范	高处坠落、物体打击			1　管理部门应为员工配备符合标准要求的劳防用品； 2　作业人员应提高安全意识，现场作业必须按要求穿戴劳防用品； 3　作业主管加强日常监管
4		物的因素	脚手架结构不符合《船用脚手架安全要求》（CB 4204—2012）的相关要求	高处坠落			作业部门应加强现场安全管理，确保安全网拉设符合要求
5			特涂舱室的脚手架未做好防静电、防燃爆措施	火灾、爆炸			作业部门应对特涂舱室的脚手架做好防静电、防燃爆措施
6			1　现场使用的安全网不是《阻燃安全网》（CB/T 3749—2015）规定的阻燃安全网； 2　安全网损坏或腐朽	高处坠落			作业部门应加强现场安全管理，确保脚手架结构符合《船用脚手架安全要求》（CB 4204—2012）的相关要求
7		环境因素	作业现场照明照度不符合《船舶修造企业高处作业安全规程》（CB 3785—2013）的相关要求	高处坠落、物体打击			舱室内脚手架搭拆作业应配备充足照明设备
8			舱室内通风不良	火灾、爆炸、窒息			1　设备部门应为现场配备足够的通风、排风设施； 2　作业部门加强现场安全管理，人员进入船舱作业前应进行有效的通风换气

表1(续)

序号	作业活动	安全风险因素	安全风险原因	安全风险危害	安全风险分析方法	安全风险等级	管控措施
9	脚手架搭拆作业	管理因素	脚手架拆除作业未办理作业申请手续	高处坠落、物体打击			作业部门应加强现场管理,必须严格执行脚手架拆除作业申请手续
10			搭设单位未定期对脚手架进行巡回检查	高处坠落、物体打击			作业部门应加强现场管理,定期对脚手架进行巡回检查
11			脚手架搭设(拆除)时作业区域无人监护且未设置警戒区域(标志)	高处坠落、物体打击			作业部门应加强现场管理,在脚手架搭设(拆除)时作业区域设置警戒区域(标志)
12		物理因素	舱室内高温	中暑			1　作业部门应避免安排人员高温天气进行舱室施工作业; 2　作业人员应加强安全意识,高温天气做好个人防护工作

表 2　有限空间作业安全风险因素清单

序号	作业活动	安全风险因素	安全风险原因	安全风险危害	安全风险分析方法	安全风险等级	管控措施
1	有限空间作业	人的因素	有限空间(包括狭小船舱)作业未报审批及未进行风险因素辨识	窒息、中毒			1　管理部门应为员工配备符合标准要求的劳防用品； 2　作业人员应提高安全意识,现场作业必须按要求穿戴劳防用品； 3　作业主管应加强日常监管
2			作业人员、监护人员未经培训上岗作业	窒息、中毒、火灾、爆炸			1　教育培训管理部门应加强有限空间作业人员上岗培训管理； 2　相关作业人员必须经专业培训合格后方可上岗作业
3			作业时未穿戴劳防用品	窒息、中毒			1　现场管理人员应加强作业人员现场劳防用品穿戴管理,及时制止穿戴不规范行为； 2　作业人员应自觉穿戴好劳防用品
4			1　作业前未测定空间内气体浓度； 2　未将检测结果告知申请人并未记录在入口标牌处； 3　未经审批通过,便进入有限空间作业场所工作	窒息、中毒			1　现场管理人员应加强现场管理工作； 2　作业人员应自觉遵守作业操作规程
5			作业结束后,未确认作业人员是否全部撤离、有无隐患遗漏	窒息、中毒			作业结束后,班组长应确认作业人员全部撤离有限空间,方可下班
6		物的因素	存在有毒有害、易燃易爆气体的空间,在作业前未根据现场状况,使用符合安全要求的气体进行通风换气	窒息、中毒、火灾、爆炸			作业部门应使用符合安全要求的气体进行通风换气

表 2(续)

序号	作业活动	安全风险因素	安全风险原因	安全风险危害	安全风险分析方法	安全风险等级	管控措施
7	有限空间作业	物的因素	有限空间与其他系统连通的可能危及安全作业的管道未采取有效隔离措施	窒息、中毒、火灾、爆炸			有限空间与其他系统连通的可能危及安全作业的管道应采取有效隔离措施
8			使用不符合标准要求的电气设备	火灾、爆炸			管理部门应提供符合标准的电气设备
9			作业前未进行技术交底,未编制预案	窒息、中毒、火灾、爆炸			作业前,管理部门应编制预案
10			进入存在易燃易爆气体的空间时,携带火种	火灾、爆炸			作业部门应做好培训,禁止携带火种进入有限空间作业

表 3　放射性检验作业安全风险因素清单

序号	作业活动	安全风险因素	安全风险原因	安全风险危害	安全风险分析方法	安全风险等级	管控措施
1	放射性检验作业	人的因素	放射性检验作业人员及相关管理人员未取得辐射安全培训合格证书	电离辐射等职业性放射性疾病			放射性检验作业及相关管理人员应经过具备资质的专业机构培训，取得有效的辐射安全培训合格证书，持证上岗
2			放射性检验作业人员未经职业健康检查	电离辐射等职业性放射性疾病			放射性检验作业人员上岗前、在岗期间、离岗后和事故辐射照健康检查都应在具有资质的医疗机构进行，并符合《放射工作人员健康要求及监护规范》（GBZ 98—2020）的规定
3			放射性检验作业未按要求佩戴个人防护设备、报警仪等	电离辐射等职业性放射性疾病			按规定佩戴放射性防护设备、个人辐射计量仪等
4		物的因素	探伤设备未取得辐射安全许可证或证书过期	电离辐射等职业性放射性疾病			使用 X 射线和 γ 射线的探伤设备应依法取得辐射安全许可证方可投入使用
5			1　γ 射线照射末端、输源导管磨损、扭结等； 2　放射源紧锁装置工作异常； 3　源容器与导管、控制导管及控制软轴末端连接不牢固	电离辐射等职业性放射性疾病			放射性作业前，应对设备进行全面检查，确保设备运转正常，没有损失和放射源泄露的情况
6			剂量报警设备不符合要求	电离辐射等职业性放射性疾病			放射性检验作业人员应佩戴符合审管部门要求的个人辐射剂量计，每一个工作小组至少配备一台具有检验源的便携式剂量仪，并配备在现场环境条件下可被听见、看见或产生震动的个人报警计量仪
7		环境因素	放射性作业现场辐射剂量超过限值	电离辐射等职业性放射性疾病			作业人员应佩戴个人辐射剂量计和报警仪，作业现场配置辐射剂量检测仪、射线监测报警仪

表3(续1)

序号	作业活动	安全风险因素	安全风险原因	安全风险危害	安全风险分析方法	安全风险等级	管控措施
8	放射性检验作业	环境因素	探伤室防护和屏蔽性能不符合要求	电离辐射等职业性放射性疾病			γ探伤室的屏蔽墙厚度应充分考虑散射和屏蔽物材料和结构等各种因素。在进行屏蔽墙设计时,剂量约束值可取为0.1~0.3 mSv/a,并要求探伤室屏蔽墙外30 cm处空气比释动能率不应大于2.5 μGy/h,探伤室门的防护性能应与同侧墙的防护性能相同
9			1　探伤室照明条件不足; 2　突发雷暴雨、大风等恶劣天气	电离辐射等职业性放射性疾病			1　作业人员在探伤室进行放射性检验作业时,应确保现场照明需要; 2　作业人员遇到突发雷暴雨、大风等恶劣天气时,应停止探伤室外的放射性检作业
10		管理因素	作业现场未张贴放射性作业安全操作规程和安全管理规定、应急预案和现场处置方案	电离辐射等职业性放射性疾病			作业部门应制定放射性检验作业安全管理规定和操作规定、应急预案和现场处置方案,并在作业现场张贴
11			未建立放射性职业健康监护档案	电离辐射等职业性放射性疾病			作业部门应对放射性检验作业人员建立健康监护档案,并将培训、健康检查、辐射剂量等资料记录在档案内,档案终生保存
12			未经审批进行放射性检验作业	电离辐射等职业性放射性疾病			作业部门应建立放射性检验作业审批管理制度,经现场检查合格,审批通过后方可作业
13			未定期将作业人员个人辐射剂量计送交有资质的检测单位进行测量	电离辐射等职业性放射性疾病			个人辐射剂量计应定期送交有资质的检测单位进行测量,个人辐射剂量监测周期一般为30天,最长不超过90天

表 3(续 2)

序号	作业活动	安全风险因素	安全风险原因	安全风险危害	安全风险分析方法	安全风险等级	管控措施
14	放射性检验作业	管理因素	随意丢弃或私自处理放射性检验作业产生的废物	电离辐射等放射性职业性放射性疾病			放射性检验作业产生的废弃物应交由有资质的单位处理,废弃物的处置应符合国家、行业和地方有关环境保护、职业健康和安全防护的法律、法规、标准规范的要求

表 4　起重作业安全风险因素清单

序号	作业活动	安全风险因素	安全风险原因	安全风险危害	安全风险分析方法	安全风险等级	管控措施
1	起重作业	人的因素	起重作业人员、起重指挥人员、司索工等未取得特种作业人员操作证书，或证书已过期	起重伤害，其他伤害			1　教育培训管理部门应加强起重作业人员取证及证书管理； 2　相关作业人员必须经专业培训合格，并持证上岗作业
2			参与作业人员班前饮酒、吸毒，上岗时精神状态不正常	起重伤害			作业部门管理人员及作业班组长应实时关注作业人员工作状态，必要时及时制止相关作业人员现场作业
3			相关人员劳防用品穿戴不规范	起重伤害			1　现场管理人员应加强作业人员人员现场劳防用品穿戴管理，及时制止穿戴不规范行为； 2　作业人员应自觉做好劳防用品穿戴
3			1　作业前未对作业现场、安全装置、控制机构、制动器及钢丝绳等进行安全检查； 2　违反起重作业“十不吊”； 3　司机离开驾驶室前，未将吊钩升至安全位置； 4　露天起重作业，当司机离开起重机时未将起重机锚定； 5　棱角、快口物件不采取衬垫措施； 6　作业后未做好工作日志和交接班工作	起重伤害			1　现场管理人员应加强起重作业现场安全管理，作业前对各种设备、安全装置进行现场检查，严禁发生违反起重作业“十不吊”的行为； 2　作业人员应加强培训，杜绝一切不安全行为

表4(续)

序号	作业活动	安全风险因素	安全风险原因	安全风险危害	安全风险分析方法	安全风险等级	管控措施
4	起重作业	物的因素	吊运时大物件上放小物体	起重伤害			禁止吊运时大物件上放小物体
5			吊索具夹角过大	起重伤害			禁止吊索具夹角过大
6			超负荷吊运	起重伤害			禁止现场超负荷吊运
7			使用行车吊钩直接钩住物品(如螺孔、端面内孔等)	起重伤害			禁止用行车吊钩直接钩住物品
8			使用单根吊索具吊运物品	起重伤害			现场管理部门应加强现场管理,严禁使用单根吊索具进行吊物
9			起重作业时使用破损的帆布吊带	起重伤害			现场管理部门应经常检查吊索具起重吨位标志,及时更换吊索具
10			吊索具无起重吨位标志	起重伤害			现场管理部门应经常检查吊索具起重吨位标志,及时更换吊索具
11		管理因素	门式、门座式起重机的行走机构的最突出部位与障碍物之间留有的安全距离不足	起重伤害			现场管理部门应确保门式、门座式起重机的行走机构的最突出部位与障碍物之间留有足够的安全距离
12			超范围使用吊装设备	起重伤害			起重作业管理部门应禁止超范围使用吊装设备
13			1 重大件吊装质量超过起重机额定起吊能力; 2 重大件吊装未编制实施方案、未落实工艺文件要求	起重伤害			起重作业管理部门在重大件吊装前,应编制好实施方案,并确保吊装物质量不超过起重机额定起吊能力
14		环境因素	起重作业前未对现场作业环境进行清理	起重伤害			现场作业人员在起重机作业前应对现场作业环境进行清理,确保起重机安全作业
15			露天起重作业时,天气环境不符合要求	起重伤害			管理人员应确保不在恶劣天气环境进行起重作业

表5　重大件移位作业安全风险因素清单

序号	作业活动	安全风险因素	安全风险原因	安全风险危害	安全风险分析方法	安全风险等级	管控措施
1	重大件移位作业	人的因素	驾驶员、装卸作业人员未培训即实施作业	车辆伤害等			1　驾驶员上岗前应取得A2类驾驶证； 2　教育培训管理部门应组织开展驾驶员、装卸作业人员培训，颁发企业内部特种作业操作证，并确保证书有效
2			1　车辆启动状态时焊接作业； 2　车辆下降时，装卸作业人员未开展检查； 3　违规操作升降承载平台	物体打击、车辆伤害等			1　焊接作业人员应在车辆静态时进行焊接加固； 2　车辆下降时，装卸作业人员应检查车辆下有无人员或障碍物； 3　驾驶员不得将车辆顶升至限位块，降至最低时车体禁止载物
3			1　作业人员未在特殊重大件移位作业时，对各车辆的连接情况进行检查； 2　作业人员未确定各车辆的坐标系统	触电、火灾、车辆伤害等			1　作业人员应对特殊重大件移位作业时各车辆的油路、电缆等连接情况进行检查，并确认各车辆的阀门开关状态； 2　作业人员应确定各车辆的坐标系统，并确认各车辆行车方向的正确性
4			运输作业前，作业人员未试车或试车不合格	车辆伤害等			1　运输作业前，作业人员应将运输物件顶升起适当距离，检查物件质量、车辆预估负载量率是否在误差范围，经作业人员确认后方可继续转运； 2　若物件质量过低，无法满足负载率要求，应采取增重措施，调整车辆布置，直至满足负载率要求
5			驾驶员超速行驶，重载时高速行驶	车辆伤害等			1　车辆应按厂区车辆行驶速度行驶，当通过狭窄、转弯、空中架有管线等路段，应减速行驶； 2　车辆重载时应低速行驶，严禁在坡道上进行原地回转操作

表5(续1)

序号	作业活动	安全风险因素	安全风险原因	安全风险危害	安全风险分析方法	安全风险等级	管控措施
6	重大件移位作业	人的因素	驾驶员离开驾驶位或遥控操作人员离开作业现场	车辆伤害等			车辆在厂区道路上临时停靠时，驾驶员应留在司机室，不应离开现场
7		物的因素	车辆不完好	车辆伤害等			驾驶员在作业前应对车辆进行检查，记录检查结果；检查完毕后，车辆应先试运行，试运行后方可操作（若使用遥控器操作，应先空车检验遥控器）。检查项目包括以下内容：各种证件是否齐全；有无漏气、漏油、漏水现象；轮胎、轮胎气压是否符合标准；灯光、喇叭、雨刷器、后视镜是否齐全有效；转向系统、制动器、离合器、液压系统、冷却系统、电气系统、遥控器是否工作良好；发动机、燃油箱及各种仪表是否工作正常；乘坐和装卸是否符合要求；外露部分的螺栓、螺母是否齐全有效；各类安全防护装置是否完好有效
8			运输物件重心不稳、固定不牢	物体打击、车辆伤害等			1　装卸作业人员应检查运输物件内物件安装的稳固性及运输物件内是否有积水、杂物，确保大型物件运输过程中不发生重心偏移； 2　装卸作业人员应在车辆承托位置垫好枕木； 3　引导员应观察车辆的大型物件质量表、水平表，发现车辆受力不均衡应及时调整； 4　线性变化大的物件，应设计并使用专用支撑工装，支撑工装应完好且符合承载要求； 5　固定物件使用的钢丝绳、葫芦等应完好

表5(续2)

序号	作业活动	安全风险因素	安全风险原因	安全风险危害	安全风险分析方法	安全风险等级	管控措施
9	重大件移位作业	环境因素	夜间作业照明不良	车辆伤害等			夜间运输作业,应预先检查运输路线的照明情况,且驶员、引导员等应携带照明设备,确保照明充足
10			特殊天气条件下强行作业	物体打击、车辆伤害等			6级风以上或大暴雨等恶劣(极端)天气,应采取紧急措施,并停止作业
11		管理因素	车辆未办理厂内车辆登记手续,即实施作业	车辆伤害等			设备部门应在新设备验收合格后,为车辆办理登记手续,并将车辆纳入厂内机动车管理台账
12			车辆未悬挂厂内车辆牌照,即实施作业,未对车辆牌照进行维护保养	车辆伤害等			1　设备部门应对已登记的车辆安装厂内牌照; 2　作业部门应定期对车辆牌照进行维护保养
13			设备部门未建立运输车辆技术档案	车辆伤害等			设备部门应将车辆的技术数据、生产厂家、生产日期、购进日期、使用日期、车辆保险、二级保养记录、大修和项修记录、检查记录等内容记录在案,并建立车辆技术档案
14			作业部门未建立车辆日常维修保养档案,未形成定期检查记录	车辆伤害等			1　作业部门应定期对车辆进行一级保养和日常维修,建立日常维修保养档案; 2　作业部门应每季度对车辆的制动系统、转向系统、安全装置、行驶传动机构等进行检查;设备部门应每年对车辆进行检查,并形成检查记录
15			1　技术部门未制订运输工艺方案; 2　作业部门未制定应急措施	车辆伤害等			1　作业部门开展特殊重大件移位作业前,技术部门应制订运输工艺方案,并报设计部门审核; 2　作业部门应依据运输工艺方案制定应急措施,并对作业人员开展应急措施培训

表5(续3)

序号	作业活动	安全风险因素	安全风险原因	安全风险危害	安全风险分析方法	安全风险等级	管控措施
16	重大件移位作业	管理因素	特殊重大件移位作业前未办理许可审批手续	车辆伤害等			作业部门开展特殊重大件移位作业前,应办理许可审批手续,经相关部门审批后方可实施作业
17			未组织联合检查	车辆伤害等			特殊重大件移位作业前,作业部门应通知安全部门、技术部门、设备部门等进行联合检查,确保运输工艺方案有效实施
18			运输的物件前后未在明显位置装设警示灯、挂警示牌	车辆伤害等			装卸作业人员应在运输的物件前后设置明显的警示标志,宜采用警示灯、警示牌、警戒线等方式
19			运输作业时未设专人统一指挥,或指挥人员违规作业;运输作业时未配备引导员	物体打击、车辆伤害等			运输作业时应设专人统一指挥,严禁多人指挥;运输作业前,应掌握运输线路、作业方式、物体情况、安全措施和注意事项,并将上述情况告知驾驶员和装卸作业人员;运输作业时应配备两名引导员,引导员应穿反光衣、携带哨子或高频对讲机,在车辆前后协助驾驶员观察路面和清理路障,疏导行人和来往车辆,禁止行人和车辆从运输的物件下方通过;
20			装卸作业人员在物件运至指定地点后,未合理布置地面支承点	物体打击等			装卸作业人员在物件运至指定地点后,应合理布置地面支承点,并调整水平度

表 6　重大件吊装作业安全风险因素清单

序号	作业活动	安全风险因素	安全风险原因	安全风险危害	安全风险分析方法	安全风险等级	管控措施
1	重大件吊装作业	人的因素	重大件吊装作业人员未持证上岗或证书已过期	起重伤害			教育培训管理部门应组织需取证的吊装作业人员参加取证培训,并确保证书在有效期内
2			作业人员未按要求穿戴或未正确穿戴劳防用品	起重伤害			1　作业管理部门应为作业人员配备必要的劳防用品; 2　作业管理部门应加强安全教育培训,按照管理规定和操作规程正确穿戴防护用品
3			无关人员进入吊装作业警戒区或吊物下有人经过	起重伤害			重大件吊装作业时,应设置警戒区和警示标识,并由专人看守,无关人员禁止进入警戒范围,吊物下禁止人员站立或经过
4			未安排专人统一指挥,指挥人员未佩戴明显标志、违章指挥	起重伤害			重大件吊装作业时,各岗位作业人员应在专人统一指挥下作业,指挥人员应佩戴明显的标志,并按《起重机—手势信号》(GB/T 5082—2019)规定的联络信号进行指挥
5			起吊前未进行试吊	起重伤害			重大件吊装作业起吊前应进行试吊,试吊中检查吊索具、地锚等受力情况
6			停工或休息时将吊物、吊笼等悬在空中	起重伤害			停工或休息时,禁止将吊物、吊笼悬在空中
7		物的因素	起重机械故障,吊索具破损、限位器等安全防护装置失效等	起重伤害			重大件作业前应对起重设备、吊索具、安全防护装置等进行全面检查,符合《起重机械安全规程　第 1 部分:总则》(GB 6067.1—2010)的要求
8			焊接的吊环或吊码未经检验投入使用	起重伤害			吊环或吊码应按设计图纸进行焊接,并经过三级检验后方可投入使用

表 6(续 1)

序号	作业活动	安全风险因素	安全风险原因	安全风险危害	安全风险分析方法	安全风险等级	管控措施
9	重大件吊装作业	物的因素	重大件吊装现场未按规定设置警戒标志	起重伤害			作业现场的警戒区域边界应设置警戒标志,设专人监护,非作业人员禁止入内,安全警戒标志应符合《安全标志及其使用导则》(GB 2894—2008)的规定
10		环境因素	作业现场附近有输电线路,有危险物料、管道等	起重伤害、触电、火灾、爆炸等			作业人员作业前应检查作业周围环境,并清理干净,无法清理的,应制订详细方案,对物料、管道采取防护措;吊装现场应远离输电线路,确定需要在附近进行作业时,应控制安全距离
11			在水域附近进行吊装作业	起重伤害			作业人员在水域附近进行吊装作业应穿戴救生衣等设备
12			暴雨雪、大雾、6 级以上大风等恶劣天气	起重伤害			恶劣天气条件下停止重大件吊装作业
13		管理因素	未制定重大件吊装作业安全操作规程和安全管理规定,未制订应急预案和现场处置方案	起重伤害、其他伤害			管理部门应制定安全操作规程和安全管理规定,并对作业人员和相关管理人员进行培训,应急预案和现场处置方案应组织评审、演练
14			未制订重大件吊装作业实施方案	起重伤害,其他伤害			设计部门负责编制重大件吊装作业施工工艺、方案,并将图纸和文件下发至各有关部门,进行技术交底
15			未按规定签署吊装令	起重伤害			吊装作业部门负责人在对重大件船体吊环装焊检验记录表、重大件吊装检查确认表、重大件吊装设备检查确认表检查确认后,签发重大件吊装令

表6(续2)

序号	作业活动	安全风险因素	安全风险原因	安全风险危害	安全风险分析方法	安全风险等级	管控措施
16	重大件吊装作业	管理因素	特殊工况(联吊或抬吊起重设备所承受载荷超过其额定起重能力80%)下的吊装方案不符合要求或未组织评审	起重伤害			管理部门特殊工况下的重大件吊装作业应制订详细的方案,并组织评审,经方案技术负责人及分管总经理签字后方可实施作业

表7　联吊作业安全风险因素清单

序号	作业活动	安全风险因素	安全风险原因	安全风险危害	安全风险分析方法	安全风险等级	管控措施
1	联吊作业	人的因素	起重作业人员、起重指挥人员、司索工等未取得特种作业人员操作证书，或证书已过期	起重伤害，其他伤害			1　教育培训管理部门应加强起重作业人员取证及证书管理； 2　相关作业人员必须经专业培训合格，并持证上岗作业
2			参与作业人员班前饮酒、吸毒，上岗时精神状态不正常	起重伤害，其他伤害			作业部门管理人员及作业班组长应实时关注作业人员工作状态，必要时及时制止相关作业人员现场作业
3			相关人员劳防用品穿戴不规范	起重伤害			1　现场管理人员应加强作业人员人员现场劳防用品穿戴管理，及时制止穿戴不规范行为； 2　作业人员应自觉穿戴好劳防用品
4			1　作业前未对作业现场、安全装置、控制机构、制动器及钢丝绳等进行安全检查； 2　违反起重作业“十不吊”； 3　司机离开驾驶室前，未将吊钩升至安全位置； 4　露天起重作业，当司机离开起重机时未将起重机锚定； 5　棱角、快口物件不采取衬垫措施； 6　作业后未做好工作日志和交接班工作	起重伤害，其他伤害			1　现场管理人员应加强起重作业现场安全管理，作业前对各种设备、安全装置进行现场检查，严禁发生违反起重作业“十不吊”的行为； 2　作业人员加强培训，杜绝一切不安全行为

表7(续1)

序号	作业活动	安全风险因素	安全风险原因	安全风险危害	安全风险分析方法	安全风险等级	管控措施
5	联吊作业	物的因素	单机起重负荷超过单机许用负荷的80%	起重伤害			工艺方案设计时,作业的单机起重负荷不应超过单机许用负荷的80%
6			作业前未进行两台起重机连接并试车	起重伤害			作业前作业人员应先进行两台起重机连接并试车,确认起升、行走、移动等操作同步、有效、可靠后方可进行作业
7			起重机司机未对起重机的安全保护、监测、声光信号等进行检查	起重伤害			作业前起重机司机应对起重机的安全保护、监测、声光信号等进行检查,并确认有效、可靠
8			作业开始前未根据联吊工艺方案选定吊索具、吊排	起重伤害			作业开始前作业人员应根据联吊工艺方案选定吊索具、吊排,并确认其可靠、有效
9			吊耳未通过质量检验合格	起重伤害			作业开始前作业人员应确认吊耳通过质量检验合格
10			吊件质量不明或超负荷起重	起重伤害			吊件质量不明或超负荷,禁止起吊
11			安全装置失灵或有故障	起重伤害			安全装置失灵或有故障,禁止起吊
12			作业过程中,起升、运行机构有异常情况和异常声响	起重伤害			作业过程中,起升、运行机构如遇有异常情况和异常声响时,起重指挥应立即发出停车指令,确认故障排除后,方可继续作业
13		环境因素	夜间作业照明不良	起重伤害			夜间运输作业,应预先检查运输路线的照明情况,且驾驶员、引导员等应携带照明设备,确保照明充足
14			特殊天气条件下强行作业	起重伤害			6级风以上或大暴雨等恶劣(极端)天气,应采取紧急措施,并停止作业

表7(续2)

序号	作业活动	安全风险因素	安全风险原因	安全风险危害	安全风险分析方法	安全风险等级	管控措施
15	联吊作业	管理因素	未制订联吊吊装工艺方案，未确认吊排能力、吊件的尺度、质量、起吊和移位顺序等信息	起重伤害			技术部门工艺设计人员应制订联吊吊装工艺方案，确认吊排能力、吊件的尺度、质量、起吊和移位顺序等信息，并核对吊装工艺方案与起重机的适配性
16			吊装工艺方案未确认、审批	起重伤害			吊装工艺方案应按规定由相关部门确认、审批
17			未确定一名起重主指挥，负责安排其他指挥的站位与指挥任务	起重伤害			作业前应确定一名起重主指挥，负责安排其他指挥的站位与指挥任务，起重主指挥对整个作业过程的指挥负总责
18			未明确主起重机和副起重机	起重伤害			作业前应明确主起重机和副起重机，主起重机负责操控作业
19			主起重机未配备两名在本机上有长期工作经验的起重机司机	起重伤害			主起重机应至少配备两名在本机上有长期工作经验的起重机司机，一人负责操控，一人负责监视并后备
20			副起重机未配备两名起重机司机	起重伤害			副起重机应配备两名起重机司机，一人负责监视本机状态，一个负责对作业情况进行监视
21			每台起重机未配备起重设备维修钳工和电工进行设备监护	起重伤害			作业前应为每台起重机配备起重设备维修钳工和电工进行设备监护
22			未在两侧轨道配备看道工	起重伤害			作业前应在两侧轨道配备看道工
23			作业前，未设定作业区域，配备看护人员	起重伤害			作业前，应设定作业区域，配备看护人员，阻止其他车辆和人员进入，必要时应设置护栏、围栏等

表7(续3)

序号	作业活动	安全风险因素	安全风险原因	安全风险危害	安全风险分析方法	安全风险等级	管控措施
24	联吊作业	管理因素	起重指挥未明确吊装工艺方案中的要求、职责	起重伤害			作业开始前,起重指挥应向起重机司机、司索工、看道工、现场看护等人员等明确吊装工艺方案中的要求、职责
25			起重指挥未与起重机司机、司索工、看道工等确认通信、指挥信号有效、可靠	起重伤害			作业开始前起重指挥应与起重机司机、司索工、看道工等确认通信、指挥信号有效、可靠
26			起重指挥未与司索工确认吊索具、吊挂、捆扎可靠、有效	起重伤害			起吊前起重指挥应与司索工确认吊索具、吊挂、捆扎可靠、有效
27			吊装前未完成安全检查即开始作业	起重伤害			吊装前所有安全检查完成并确认后,才可开始吊装作业
28			作业过程中,技术、生产、设备、安全等的相关管理部门未派专人在现场进行监督检查	起重伤害			作业过程中,技术、生产、设备、安全等的相关管理部门均应派专人在现场进行监督检查,确保吊索具、吊物和起重设备等处于安全状态,确保吊装施工方案及各类安全措施的落实并执行
29			作业过程中,起重指挥未按规定发出指挥命令	起重伤害			作业过程中,起重指挥应严格按规定发出指挥命令,对任何人发出的紧急停车信号,应立即发出停止作业命令

表 8 抬吊作业安全风险因素清单

序号	作业活动	安全风险因素	安全风险原因	安全风险危害	安全风险分析方法	安全风险等级	管控措施
1	抬吊作业	人的因素	起重作业人员、起重指挥人员、司索工等未取得特种作业人员操作证书，或证书已过期	起重伤害，其他伤害			1 教育培训管理部门应加强起重作业人员取证及证书管理； 2 相关作业人员必须经专业培训合格，并持证上岗作业
2			参与作业人员班前饮酒、吸毒，上岗时精神状态不正常	起重伤害，其他伤害			作业部门管理人员及作业班组长应实时关注作业人员工作状态，必要时及时制止相关作业人员现场作业
3			相关人员劳防用品穿戴不规范	起重伤害			1 现场管理人员应加强作业人员现场劳防用品穿戴管理，及时制止穿戴不规范行为； 2 作业人员应自觉穿戴好劳防用品
4			1 作业前未对作业现场、安全装置、控制机构、制动器及钢丝绳等进行安全检查； 2 违反起重作业“十不吊”； 3 司机离开驾驶室前，未将吊钩升至安全位置； 4 露天起重作业，当司机离开起重机时未将起重机锚定； 5 棱角、快口物件不采取衬垫措施； 6 作业后未做好工作日志和交接班工作	起重伤害			1 现场管理人员应加强起重作业现场安全管理，作业前对各种设备、安全装置进行现场检查；严禁发生违反起重作业“十不吊”的行为； 2 作业人员应加强培训，杜绝一切不安全行为

表8(续1)

序号	作业活动	安全风险因素	安全风险原因	安全风险危害	安全风险分析方法	安全风险等级	管控措施
5	抬吊作业	人的因素	单台起重机的起重负荷超过起重能力小的一台起重负荷80%以内	起重伤害			抬吊作业时,单台起重机的起重负荷应控制在起重能力小的一台起重负荷80%以内
6			起吊重物时,未确认提升装置运行正常后便继续提升	起重伤害			起吊重物时,应首先将重物提离地面约100~150 mm,确认提升装置运行正常后,才可继续提升
7			同一轨道有多台起重机同时作业时,看道员未认真观察其他起重机运行、移动情况	起重伤害			同一轨道有多台起重机同时作业时,看道员应认真观察其他起重机运行、移动情况,避免相撞
8			当吊钩接近上下限位器时,起重指挥未发出降低升降速度的指令	起重伤害			当吊钩接近上下限位器时,起重指挥应发出降低升降速度的指令
9			当起重机靠近轨道端头或相邻起重机时,起重指挥未发出降低走行速度的指令	起重伤害			当起重机靠近轨道端头或相邻起重机时,起重指挥应发出降低走行速度的指令
10		物的因素	作业前起重机司机未对起重机的安全保护、监测、声光信号等进行检查	起重伤害			作业前起重机司机应对起重机的安全保护、监测、声光信号等进行检查,并确认有效、可靠
11			作业前未先进行两台起重机连接并试车,确认起升、行走、移动等操作同步、有效、可靠后方可进行作业	起重伤害			作业前应先进行两台起重机连接并试车,确认起升、行走、移动等操作同步、有效、可靠后方可进行作业
12			起重机司机未对起重机的安全保护、监测、声光信号等进行检查	起重伤害			作业前起重机司机应对起重机的安全保护、监测、声光信号等进行检查,并确认有效、可靠
13			作业开始前应根据抬吊工艺方案选定吊索具、吊排	起重伤害			作业开始前应根据抬吊工艺方案选定吊索具、吊排,并确认其可靠、有效

表8(续2)

序号	作业活动	安全风险因素	安全风险原因	安全风险危害	安全风险分析方法	安全风险等级	管控措施
14	抬吊作业	物的因素	吊耳未通过质量检验合格	起重伤害			作业开始前应确认吊耳通过质量检验合格
15			吊件质量不明或超负荷起重	起重伤害			吊件质量不明或超负荷,禁止起吊
16			安全装置失灵或有故障	起重伤害			安全装置失灵或有故障,禁止起吊
17			作业过程中,起升、运行机构有异常情况和异常声响	起重伤害			作业过程中,起升、运行机构如遇有异常情况和异常声响时,起重指挥应立即发出停车指令,确认故障排除后,方可继续指挥作业
18		环境因素	夜间作业照明不良	起重伤害			夜间运输作业,应预先检查运输路线的照明情况,且驾驶员、引导员等应携带照明设备,确保照明充足
19			特殊天气条件下强行作业	起重伤害			6级风以上或大暴雨等恶劣(极端)天气,应采取紧急措施,并停止作业
20			未制订抬吊吊装工艺方案,未确认吊排能力、吊件的尺度、质量、起吊和移位顺序等信息	起重伤害			技术部门工艺设计人员应制订抬吊吊装工艺方案,确认吊排能力、吊件的尺度、质量、起吊和移位顺序等信息,并核对吊装工艺方案与起重机的适配性
21			吊装工艺方案未确认、审批	起重伤害			吊装工艺方案应按规定由相关部门确认、审批
22			未在两侧轨道配备看道工	起重伤害			作业前应在两侧轨道配备看道工
23			作业前,未设定作业区域,配备看护人员	起重伤害			作业前,应设定作业区域,配备看护人员,阻止其他车辆和人员进入,必要时应设置护栏、围栏等
24			起重指挥未明确吊装工艺方案中的要求、职责	起重伤害			作业开始前,起重指挥应向起重机司机、司索工、看道工、现场看护等人员等明确吊装工艺方案中的要求、职责

表8(续3)

序号	作业活动	安全风险因素	安全风险原因	安全风险危害	安全风险分析方法	安全风险等级	管控措施
25	抬吊作业	管理因素	起重指挥未与起重机司机、司索工、看道工等确认通信、指挥信号有效、可靠	起重伤害			作业开始前起重指挥应与起重机司机、司索工、看道工等确认通信、指挥信号有效、可靠
26			起重指挥未与司索工确认吊索具、吊挂捆扎可靠、有效	起重伤害			起吊前起重指挥应与司索工确认吊索具、吊挂捆扎可靠、有效
27			吊装前未完成安全检查,便开始作业	起重伤害			吊装前所有安全检查完成并确认后,才可开始吊装作业
28			作业过程中,技术、生产、设备、安全等的相关管理部门未派专人在现场进行监督检查	起重伤害			作业过程中,技术、生产、设备、安全等的相关管理部门均应派专人在现场进行监督检查,确保吊索具、吊物和起重设备等处于安全状态,确保吊装施工方案及各类安全措施的落实并执行
29			作业过程中,起重指挥未按规定发出指挥命令	起重伤害			作业过程中,起重指挥应严格按规定发出指挥命令,对任何人发出的紧急停车信号,应立即发出停止作业命令

表9　浮吊作业安全风险因素清单

序号	作业活动	安全风险因素	安全风险原因	安全风险危害	安全风险分析方法	安全风险等级	管控措施
1	浮吊作业	人的因素	浮吊作业人员未按规定穿戴劳防用品	起重伤害、高处坠落、淹溺等			作业人员应按照起重作业的规定穿戴工作服、工作帽、工作鞋，高处作业佩戴安全带，临水作业穿戴救生衣
2			作业人员有登高作业等职业禁忌证	高处坠落、起重伤害等			作业人员应进行上岗前体检，有职业禁忌证者禁止从事浮吊作业
3			未持证上岗进行作业或证书已过期	起重伤害、高处坠落、淹溺等			未取得起重作业证书人员禁止操作起重及相关设备，人事部门应组织上岗人员培训取证，及时组织复训
4			指挥人员违章指挥	起重伤害、高处坠落、淹溺等			浮吊作业应指定专人统一指挥，协同作业，禁止违章指挥、强令冒险作业
5		物的因素	吊索具、吊环、吊码质量不符合安全要求	起重伤害等			作业人员作业前应检查吊索具等设施是否符合安全要求，定期对吊索具、吊环进行维修保养
6			制动器等安全防护装置失灵、吊钩防脱落装置损坏、钢丝绳磨损等	起重伤害等			作业人员作业前应对安全防护设备设施进行全面检查，确保有效可靠
7			登高、步行位置缺少钢梯、步行板或安全防护不到位	起重伤害、高处坠落、淹溺等			高架浮吊应安装钢梯，卷扬机处应铺设步行板，安装防护栏杆，浮体空档处应铺设步行板，所用材料和安装工艺应安全可靠
8		环境因素	大风、大雾天气、湍急水流等恶劣条件	高处坠落、起重伤害、淹溺等			作业人员遇到极端天气条件应立即停止作业
9			作业区域地面湿滑，杂物较多	淹溺、起重伤害等			作业人员作业前应对作业区域进行清理，确保地面无积水、湿滑情况，物件应摆放到指定区域，禁止乱扔乱放

表9(续)

序号	作业活动	安全风险因素	安全风险原因	安全风险危害	安全风险分析方法	安全风险等级	管控措施
10	浮吊作业	环境因素	作业区域周围存在影响浮吊作业的电线、舰船及其他设备设施	起重伤害等			作业人员作业前应对作业区域周围进行清理,以防碰撞,确保浮吊作业不受影响
11		管理因素	未制定或现场未张贴安全操作规程	高处坠落、起重伤害、淹溺等			管理部门应制定安全操作规程并组织培训,安全操作规程应张贴在现场醒目处
12			未设置警示区域,缺少警示标志	高处坠落、起重伤害、淹溺等			浮吊作业区域应设置警戒线,由专人看管,根据风险因素设置指示、警示标志
13			作业区域有无关人员	起重伤害等			作业区域应设置警戒区域,禁止无关人员进入作业区域,吊臂下禁止站人
14			指挥信号不明确	起重伤害等			作业人员应明确分工,坚守岗位,按规定信号联络,统一指挥
15			超负荷作业	起重伤害等			根据浮吊的起重能力和性能,结合吊物的质量和特性,合理设计、科学论证
16			吊装货物违章载人、人站立或坐在吊篮内	起重伤害等			浮吊作业过程中,禁止货物中带人

表 10　装配支撑作业安全风险因素清单

序号	作业活动	安全风险因素	安全风险原因	安全风险危害	安全风险分析方法	安全风险等级	管控措施
1	装配支撑作业	人的因素	装配作业人员未经体检或有职业禁忌证	机械伤害、物体打击、触电、火灾、爆炸、职业性尘肺病及其他呼吸系统疾病、职业性耳鼻喉口腔疾病、职业性眼疾、其他伤害			按要求组织装配作业人员体检，建立个人职业健康档案，有装配作业职业禁忌证者禁止从事装配作业
2			切割、焊接等作业人员未取得特种作业证书或证书已过期	机械伤害、物体打击、触电、火灾、爆炸、职业性尘肺病及其他呼吸系统疾病、职业性耳鼻喉口腔疾病、职业性眼疾、其他伤害			教育培训管理部门应组织装配作业人员根据岗位要求参加特种作业人员培训，通过考核并取得证书后方可上岗，及时组织复训
3			未按要求穿戴劳防用品	机械伤害、物体打击、职业性尘肺病及其他呼吸系统疾病、职业性耳鼻喉口腔疾病、职业性眼疾、其他伤害			为装配作业人员配备帆布工作服、复式防尘口罩、安全帽、安全带、防砸皮鞋、防护眼镜、耳塞等劳防用品，装配作业人员应按要求正确穿戴
4			使用割炬照明、取暖，用氧气吹灰、吹身等	火灾、爆炸			禁止使用割炬照明、取暖，禁止使用氧气吹灰、吹身
5		物的因素	氧乙炔总管接头、割炬、氧乙炔皮带接头、快速接头等漏气等	火灾、爆炸			作业前应检查上述部位是否漏气，气管接头处用卡箍紧固
6			切割余量、吊环、加强材时，物料坠落或乱丢乱抛	物体打击			装配作业时不得将剩余的物料乱丢乱放，上下层作业要错开，工具和物件应放置平稳，上层作业时，下层注意避让

表10(续1)

序号	作业活动	安全风险因素	安全风险原因	安全风险危害	安全风险分析方法	安全风险等级	管控措施
7	装配支撑作业	物的因素	装配作业时物件未放置平稳或乱扔乱放	物体打击			作业人员装配作业时,物件应堆放整齐平稳,圆滚的物件应固定防止滚动,物件放置区域不准超越安全线,保持道路畅通
8			手动工具绝缘保护装置破损,电动工具静电接地不良	火灾、爆炸、触电			作业人员作业前应对作业工具进行检查,保证接地良好,电源插头、开关不漏点,绝缘保护装置良好,用完后收好,严禁乱扔乱放
9		环境因素	狭小空间、容器等处作业时通风不畅、照明不足等	火灾、爆炸、中毒、窒息、触电等			作业人员在狭小空间、容器内等处工作,应保持良好通风和照明,使用低压照明灯,执行双人监护。作业人员离开时,必须随身带出氧乙炔皮带
10			作业场地有油污,工具附件在场地随意摆放	机械伤害、物体打击、其他伤害			作业人员保持场地清洁、工具附件摆放整齐,严防油污流到工作场地,作业完毕应清理场地,收好工具附件
11			装配工件的作业区域与平台、起重机等设备设施的作业半径的间距不够	起重伤害、物体打击、其他伤害			作业人员作业前应检查作业环境,保证装配作业与其他设备设施的作业半径有足够的安全距离
12		管理因素	未制定装配工安全操作规程及安全管理制度	机械伤害、物体打击、触电、火灾、爆炸、职业性尘肺病及其他呼吸系统疾病、职业性耳鼻喉口腔疾病、职业性眼疾、其他伤害			管理部门应根据装配作业类型制定相应的安全操作规程及安全管理规定,并在作业现场张贴,组织培训学习
13			高处临边、空洞区域缺少防护栏或防护盖	高处坠落			存在高处临边、空洞区域时,应配好安全栏杆或防护盖,必要时设置警示标志

表10(续2)

序号	作业活动	安全风险因素	安全风险原因	安全风险危害	安全风险分析方法	安全风险等级	管控措施
14	装配支撑作业	管理因素	焊割炬作业场所附近有易燃易爆物品	火灾、爆炸			在易燃易爆物品附近或其他禁止明火作业的部位,禁止擅自动火作业,必要时需经安全部门检查同意,采取有效安全措施后方可施工
15			动火、高处作业未经审批	火灾、爆炸、高处坠落			管理部门应建立危险作业审批制度,动火、高处作业等危险作业经审批后方可进行作业
16			焊割炬工具失修或无法正常工作	火灾、保障			各岗位作业人员负责作业工具的日常保养,确保其能正常使用且安全功能完好有效
17			与吊装、起重等作业交叉进行,未做好安全防护	起重伤害			作业人员交叉作业时应保持安全作业距离,当吊物接近时要主动避让

表11 船舶封舱作业安全风险因素清单

序号	作业活动	安全风险因素	安全风险原因	安全风险危害	安全风险分析方法	安全风险等级	管控措施
1	船舶封舱作业	人的因素	现场作业人员未穿戴劳防用品或劳防用品穿戴不规范	火灾、爆炸、物体打击			1 管理部门应为员工配备符合标准要求的劳防用品; 2 作业人员应提高安全意识,现场作业必须按要求穿戴劳防用品
2			封舱作业前安全管理部门未进行测氧测爆	火灾、爆炸、窒息			1 作业人员封舱作业前,应通知安全管理门进行测氧测爆; 2 作业部门在测氧测爆结束,确认合格后方可施工
3			封舱作业前未进行人员疏散,或未对所有舱室进行检查,确认无人员作业	中毒、窒息			作业人员封舱作业前,应进行人员疏散,并确保无人员在被封舱室内作业
4		物的因素	未使用防爆的照明灯具和通风设备	火灾、爆炸			1 设备部门应为封舱作业舱室配备防爆的照明灯具和通风设备; 2 现场作业人员应按规定正确使用照明灯具和通风设备
5			随身携带的工具、器械不符合防爆要求	火灾、爆炸			现场作业人员应按规定携带防爆工具、器械
6			封导门或人孔盖时,未封紧	其他伤害			作业人员在封导门或人孔盖时,应封紧,避免发生气体、水泄露,造成事故
7			货舱、压载舱、深油舱充满水后导门无防护措施	淹溺			现场管理人员应对防护措施进行检查

表 11(续)

序号	作业活动	安全风险因素	安全风险原因	安全风险危害	安全风险分析方法	安全风险等级	管控措施
8	船舶封舱作业	环境因素	舱室内照明亮度不足	物体打击、其他伤害			舱室内清理油舱/柜作业应配备充足照明设备
9			舱室内通风不良	火灾、爆炸、窒息			1　设备部门应为现场设置足够的通风、排风设施； 2　加强现场安全管理，人员进入船舱作业前，应进行有效的通风换气
10		管理因素	1　封舱施工单位在作业前未填写封舱作业申请审批单； 2　封舱作业申请审批单内容填写不清晰	火灾、爆炸、物体打击			1　作业部门应加强日常安全管理，确保危险作业审批许可闭环管理，审批单处在有效时限内； 2　作业人员应提高安全意识，确保危险作业许可手续顺利完成
11		物理因素	舱室内高温	中暑			1　作业部门应避免安排人员高温天气进行舱室施工作业； 2　作业人员应加强安全意识，高温天气做好个人防护工作

表12　船台下水作业安全风险因素清单

序号	作业活动	安全风险因素	安全风险原因	安全风险危害	安全风险分析方法	安全风险等级	管控措施
1	船台下水作业	人的因素	现场作业人员未穿戴劳防用品或劳防用品穿戴不规范	物体打击、高处坠落、淹溺			1　管理部门应为员工配备符合标准要求的劳防用品； 2　作业人员应提高安全意识，现场作业必须按要求穿戴劳防用品
2			作业人员未按操作规程进行操作	物体打击、高处坠落、淹溺			1　培训部门应及时组织作业人员进行相关作业培训； 2　作业人员应提高安全意识，现场作业必须按操作规程进行
3			未对船舶压载注水舱室人孔、管道、阀门关闭密性进行检查	淹溺、其他伤害			1　检验部门应对船舶压载注水舱室人孔、管道、阀门关闭密性进行检查； 2　技术部门复查压载、水位及舱室是否与下水要求相符
4		物的因素	压载、水位及舱室不符合下水要求	淹溺、其他伤害			作业部门在作业前应检查压载、水位及舱室，确保符合要求
5			下水用蜡配方不符合技术要求	淹溺、其他伤害			技术部门应确保下水用蜡配确保符合要求
6			滑方、垫木、下水横梁的布设不符合技术和安全要求	物体打击、高处坠落、淹溺			作业部门在作业前应检查滑方、垫木、下水横梁的布设，确保符合要求
7			止滑装置、助推装置不符合技术和安全要求	物体打击、高处坠落、淹溺			机修车间应对止滑器、助推装置进行调试合格
8		管理因素	1　下水作业前未填写安全下水确认表； 2　安全下水确认表填写不规范	物体打击、高处坠落、淹溺、其他伤害			1　作业部门应加强日常安全管理，确保下水作业安全确认闭环管理； 2　作业人员应提高安全意识，确保下水作业顺利完成

表12(续)

序号	作业活动	安全风险因素	安全风险原因	安全风险危害	安全风险分析方法	安全风险等级	管控措施
9	船台下水作业	管理因素	下水台区域未设置警戒区域	物体打击、高处坠落、淹溺、其他伤害			安全管理部门应在下水台区域设置警戒区域
10		环境因素	在恶劣天气情况下进行下水作业	物体打击、高处坠落、淹溺、其他伤害			严禁在恶劣天气情况下进行下水作业

表 13　船舶出坞和坞内移位作业安全风险因素清单

序号	作业活动	安全风险因素	安全风险原因	安全风险危害	安全风险分析方法	安全风险等级	管控措施
1	船舶出坞和坞内移位作业	人的因素	作业人员未经培训合格便上岗工作,特种作业工种未取得特种作业证或证书已过期	物体打击、高处坠落			参与作业各工种人员应经过培训合格,特种作业工种应取得特种作业证并持上岗
2			未配备符合资质要求的船长	碰撞、沉没			管理部门应配备一名符合资质要求的船长,指挥船舶起浮后的出坞作业
3			作业人员班前饮酒、吸毒,上岗时精神状态不正常	物体打击、高处坠落			参与作业人员班前应无饮酒、吸毒,上岗时精神状态正常
4			作业人员防护用品穿戴不正确	物体打击、淹溺			参与作业人员应正确穿戴相关防护用品,临水作业人员应正确穿戴救生衣
5			作业人员在操作过程中未遵守相关岗位安全操作规程和设备安全操作规程	物体打击、机械伤害			参与作业人员在操作过程中应遵守相关岗位安全操作规程和设备安全操作规程
6			出坞作业总指挥未与作业人员确认统一作业指令	其他伤害			出坞作业总指挥应与所有参与作业人员确认统一作业指令,并确认通信手段可靠、有效
7			坞内注水前未指定专人操作相应绞车	碰撞			坞内注水前,作业人员应系好船舶与船坞牵引绞车、坞壁绞车的缆绳,并指定专人操作相应绞车
8			船舶起浮前船长未在驾驶室就位	碰撞、沉没			船舶起浮前船长应在驾驶室就位
9			船舶起浮后,出坞作业总指挥未根据船舶浮态指挥绞车操作人员及时调整船舶与绞车的系缆	碰撞			船舶起浮后,出坞作业总指挥应根据船舶浮态,指挥各绞车操作人员及时调整船舶与绞车的系缆,确保船舶在坞内的起浮位置处于受控状态

表 13（续 1）

序号	作业活动	安全风险因素	安全风险原因	安全风险危害	安全风险分析方法	安全风险等级	管控措施
10	船舶出坞和坞内移位作业	人的因素	船舶牵引或拖带出坞过程中，未在船舶两舷和船坞两侧配备必要的人员	碰撞			船舶牵引或拖带出坞过程中，管理部门应在船舶两舷和船坞两侧配备必要的人员，观察舷侧与坞壁的距离，随时向船长报告
11			当出坞船舶的拖带由拖轮接管后，船长未指挥船上人员解除船舶与船坞各绞车的系缆	碰撞、物体打击			当出坞船舶的拖带由拖轮接管后，船长应指挥船上人员解除船舶与船坞各绞车的系缆，由船坞绞车操作人员收回缆绳
12			移位半船落墩符合要求后，质量控制人员未签字确认	其他伤害			移位半船落墩符合要求后，应由质量控制人员签字确认
13		物的因素	作业前，作业人员未检查确认所用设备、工具的完好性	物体打击、机械伤害			作业前，各工种作业人员应检查确认所用设备、工具的完好性，发现问题及时解决
14			出坞作业总指挥未组织相关部门对出坞和移位船舶上可移动生产设备、装置、工装等进行清除	碰撞、物体打击			出坞作业总指挥应组织相关部门对出坞和移位船舶上可移动生产设备、装置、工装等进行清除，对于难以清除的，应采取有效的固定措施
15			未先行拆除影响出坞和移位船舶原附有的作业和防护工装、装置	碰撞			出坞和移位船舶原附有的作业和防护工装、装置，如影响出坞和移位应先行拆除
16			出坞作业总指挥未组织相关部门对在出坞和移位过程中可转动的舵、艉轴、螺旋桨采取可靠、有效的固定措施	沉没			出坞作业总指挥应组织相关部门对在出坞和移位过程中可转动的舵、艉轴、螺旋桨应采取可靠、有效的固定措施

表13(续2)

序号	作业活动	安全风险因素	安全风险原因	安全风险危害	安全风险分析方法	安全风险等级	管控措施
17	船舶出坞和坞内移位作业	物的因素	出坞、移位船舶未根据临时带缆要求,按带缆桩和导缆孔布置要求安装带缆和导缆装置	碰撞			出坞、移位船舶应根据临时带缆要求,按带缆桩和导缆孔布置要求安装带缆和导缆装置,并确定可靠、有效
18			未在进出坞和移位船舶、船坞周边配备防碰撞器材	碰撞			管理部门应在进出坞和移位船舶、船坞周边配备防碰撞器材
19			出坞或移位船舶未应按海事部门有关规定悬挂进出坞信号标志	碰撞			出坞或移位船舶应按海事部门有关规定悬挂进出坞信号标志,如有必要还应设置临时声光信号、广播装置
20			出坞前,未清理坞门潮汐舱和压载舱淤泥	碰撞			出坞前,应清理坞门潮汐舱和压载舱淤泥,确保船舶能正常起浮,检查坞门系缆装置,确保能可靠、有效地与拖轮系缆
21			坞门移动时与拖轮间的缆绳未捆绑牢靠	碰撞			坞门移动时与拖轮间的缆绳要捆绑牢靠
22			需要移位的船舶未在船坞注水前,预先根据移位座墩要求由墩木工进行布墩	坍塌			需要移位的船舶应在船坞注水前,预先根据移位座墩要求由墩木工进行布墩,并确认符合要求
23			坞内注水过程中,船上作业人员未对各水密部位进行不间断巡查	沉没			坞内注水过程中,船上作业人员应对各水密部位进行不间断巡查,发现问题应及时报告停止船坞注水,待问题解决后方可继续注水

表 13(续 3)

序号	作业活动	安全风险因素	安全风险原因	安全风险危害	安全风险分析方法	安全风险等级	管控措施
24	船舶出坞和坞内移位作业	物的因素	坞内注水过程中,未通过船舶压载系统对船舶浮态进行调整	沉没			坞内注水过程中,作业人员应通过船舶压载系统对船舶浮态进行调整,使其保持在正常范围内,当船舶浮态超出正常范围时应停止注水,直到浮态调整到正常范围后才可继续注水
25			坞门开启到位后,船长未负责指挥船坞绞车和拖轮进行后续的引船出坞作业	碰撞、沉没			坞门开启到位后,由船长负责指挥船坞绞车和拖轮进行后续的引船出坞作业,在指挥相关人员检查、确认牵引、拖带缆绳系船有效、可靠后,由船长下达移船指令
26			出坞作业总指挥未指挥相关操作人员按移位要求对坞内半船进行系缆	坍塌			出坞作业总指挥应指挥相关操作人员按移位要求对坞内半船进行系缆,并指挥船坞绞车操作人员将半船移至坞内指定位置确认准确后,下达船坞排水指令
27			半船落墩过程中,定中人员未及时检查船舶位置、浮态、风力、风向等因素	坍塌			半船落墩过程中,定中人员应及时检查船舶位置、浮态、风力、风向等因素,并根据现场情况,指挥船坞绞车操作人员调整绞缆保持半船位置,确保船舶准确、安全、平稳落墩
28			移位半船落墩后,未立即检查落墩情况	坍塌			移位半船落墩后,作业人员应立即检查落墩情况,并做好加固等措施
29		环境因素	风力大于 6 级或视程小于 500 m 仍进行出坞作业	碰撞、沉没			如遇实际风力大于 6 级或视程小于 500 m 作业人员应停止出坞作业

表13(续4)

序号	作业活动	安全风险因素	安全风险原因	安全风险危害	安全风险分析方法	安全风险等级	管控措施
30	船舶出坞和坞内移位作业	环境因素	船坞注水前,出坞作业总指挥未组织相关部门清理坞内现场、撤离人员、封锁进出坞人员和车辆通道	其他伤害			船坞注水前,出坞作业总指挥应组织相关部门清理坞内现场、撤离人员、封锁进出坞人员和车辆通道,确认坞内现场符合作业条件,并在安全检查记录上签字
31			船舶出坞前,未调整、确认船舶起浮状态	碰撞、沉没			船舶出坞前,作业人员应调整、确认船舶起浮状态,并根据船舶吃水深度,在确认船舶浮态、水域、潮位和天气条件等符合出坞要求后,由出坞作业总指挥下达开启坞门指令
32			出坞船舶移出船坞后,出坞作业总指挥未指挥相关部门关闭坞门	其他伤害			出坞船舶移出船坞后,出坞作业总指挥应指挥相关部门关闭坞门
33			排干坞内水后,出坞作业总指挥未指挥相关部门和人员清理、恢复坞内作业现场	其他伤害			排干坞内水后,出坞作业总指挥应指挥相关部门和人员清理、恢复坞内作业现场,撤除相关警戒,开放封闭区域
34			移位半船落墩后,未立即恢复临时拆除的安全防护措施	高处坠落			移位半船落墩后,作业人员应立即恢复临时拆除的安全防护措施
35			移位半船落墩后,未立即进行脚手架搭设或安全护栏安装	高处坠落			移位半船落墩后,作业人员应立即进行脚手架搭设或安全护栏安装,否则不能安排人员进行后续作业
36		管理因素	作业前,出坞和移位作业责任部门未办理许可审批手续	碰撞、沉没			作业前,出坞和移位作业责任部门应办理许可审批手续,并获得批准

表 13(续 5)

序号	作业活动	安全风险因素	安全风险原因	安全风险危害	安全风险分析方法	安全风险等级	管控措施
37	船舶出坞和坞内移位作业	管理因素	作业前,未按有关法律法规提前向海事主管机构提出申请	碰撞、沉没			作业前,管理部门应按有关法律法规提前向海事主管机构提出申请,以便海事主管机构配合作业
38			作业前出坞作业总指挥未根据相关工艺技术文件编制出坞和移位实施计划	物体打击、高处坠落			作业前,管理部门应由出坞作业总指挥根据相关工艺技术文件编制出坞和移位实施计划,明确各工作时间节点、工种、设备等
39			出坞作业总指挥未将出坞和移位实施计划通报所有参与作业人员知悉	碰撞、沉没			出坞作业总指挥应采取适当方式将出坞和移位实施计划通报所有参与作业人员知悉,并确认
40			出坞作业总指挥未组织相关部门做好船舶进出坞前的准备工作	碰撞、沉没			出坞作业总指挥应组织相关部门按职责做好船舶进出坞前的准备工作,进行船舶进出坞前安全状态自查、确认,并在安全检查记录上签字
41			出坞作业总指挥未组织相关部门检查船坞排水泵、坞门、坞边牵引钢丝缆绳、绞车等设备完好性	碰撞、沉没			出坞作业总指挥应组织相关部门按分工职责检查船坞排水泵、坞门、坞边牵引钢丝缆绳、绞车等设备完好性,确认可靠、有效,并在安全检查记录上签字
42			出坞作业总指挥未组织相关部门和施工单位根据出坞和移位船舶实际情况,制订针对本次出坞和移位作业的应急预案	碰撞、沉没			出坞作业总指挥应组织应相关部门和施工单位根据出坞和移位船舶实际情况,制订针对本次出坞和移位作业的应急预案
43			出坞作业总指挥未组织相关部门对船舶水密性进行检查、确认	沉没			出坞作业总指挥应组织相关部门对船舶水密性进行检查、确认,凡在出坞和移位过程中可能处于吃水以下的阀、孔、洞等均应关闭或有效封闭

表13(续6)

序号	作业活动	安全风险因素	安全风险原因	安全风险危害	安全风险分析方法	安全风险等级	管控措施
44	船舶出坞和坞内移位作业	管理因素	未在坞门、船坞四周的陆上危险区域设置警戒区域和警示标志	淹溺			管理部门应在坞门、船坞四周的陆上危险区域设置警戒区域、拉设警戒线、张挂警示标志
45			出坞或移位前未安排拖轮到位	碰撞、沉没			出坞或移位前管理部门应安排拖轮到位以便拖带船舶,并对出坞水域进行警戒
46			未按进出坞方案的压载设计规定对压载舱注水	沉没			应严格按进出坞方案的压载设计规定对压载舱注水,压载水量达到规定要求后应将结果报主管建造师,并由相关部门确认
47			各相关部门未根据进出坞方案的检查项目完成检查、确认无误签字	碰撞			各相关部门应根据进出坞方案的检查项目完成检查、确认无误签字后交主管建造师,主管建造师确认各项工作完成后交出坞作业总指挥,由出坞作业总指挥发布出坞指令
48			坞内注水过程中,当船底外板触水和船舶即将起浮时,主管建造师未组织两次检查	沉没			坞内注水过程中,当船底外板触水和船舶即将起浮时,应由主管建造师分别组织两次检查,检查结果报出坞作业总指挥
49			船舶出坞后到码头的移泊作业由出坞船舶船长负责,拖轮和相关警戒船未听从出坞船舶船长指挥	碰撞、沉没			船舶出坞后到码头的移泊作业由出坞船舶船长负责,拖轮和相关警戒船应听从出坞船舶船长指挥
50			船舶出坞后,如后续有半船移位作业,未由出坞作业总指挥负责半船落墩作业	坍塌			船舶出坞后,如后续有半船移位作业应由出坞作业总指挥负责半船落墩作业

表 14　移泊作业安全风险因素清单

序号	作业活动	安全风险因素	安全风险原因	安全风险危害	安全风险分析方法	安全风险等级	管控措施
1	移泊作业	人的因素	作业人员未经过培训合格，特种作业工种未持证上岗或证书已过期	其他伤害			参与作业各工种人员应经过培训合格，特种作业工种应取得特种作业证并持上岗
2			参与作业人员班前饮酒、吸毒，上岗时精神状态不佳	其他伤害			参与作业人员班前应无饮酒、吸毒，上岗时精神状态正常
3			作业人员劳防用品穿戴不规范	淹溺			参与作业人员应正确穿戴相关防护用品，临水作业人员应正确穿戴救生衣
4			作业人员未遵守相关岗位安全操作规程和设备安全操作规程	其他伤害			参与作业人员在操作过程中应遵守相关岗位安全操作规程和设备安全操作规程
5			作业前，作业总指挥未与所有参与作业人员确认统一作业指令	其他伤害			作业前，作业总指挥应与所有参与作业人员确认统一作业指令，并确认通信手段可靠、有效
6			移泊拖带过程中，船上和拖轮上未设置瞭望人员	碰撞、沉没			移泊拖带过程中，船上和拖轮上应设置瞭望人员，观察航行和拖带状态，并及时向作业总指挥报告
7			船舶靠近移泊码头时，作业总指挥未指挥船上和码头系缆工做好系缆准备	其他伤害			船舶靠近移泊码头时，作业总指挥应指挥船上和码头系缆工做好系缆准备，并配备防碰靠垫
8		物的因素	作业前，拖轮船长未对拖轮进行全面检查	碰撞、沉没			作业前，参与作业的拖轮船长应对拖轮进行全面检查，确认拖轮状态正常
9			作业前，作业人员未检查确认所用设备、工具的完好性	其他伤害			作业前，各工种作业人员应检查确认所用设备、工具的完好性，发现问题及时解决
10			码头间移泊作业，在船舶拖缆带好后，船上系缆工未在码头系缆工的配合下解开船舶码头系缆	碰撞、物体打击			如进行码头间移泊作业，在船舶拖缆带好后，船上系缆工应在码头系缆工的配合下解开船舶码头系缆

表14(续1)

序号	作业活动	安全风险因素	安全风险原因	安全风险危害	安全风险分析方法	安全风险等级	管控措施
11	移泊作业	环境因素	移泊作业天气、水域情况等不符合要求	碰撞、沉没			移泊作业一般在白天进行,且满足以下条件: 1　风力不大于6级; 2　波高不大于0.5 m; 3　能见度不小于1 n mile(1 n mile = 1 852 m); 4　移泊水域富裕水深不小于1 m; 5　其他必要条件。 当上述条件不满足时,应停止移泊作业
12			移泊拖带过程中,作业总指挥未根据水域、航行情况及时指挥拖船调整拖带方式	碰撞、沉没			移泊拖带过程中,作业总指挥应根据水域、航行情况及时指挥拖船调整拖带方式
13		管理因素	作业前,移泊作业责任部门未办理许可审批手续	碰撞、沉没			作业前,移泊作业责任部门应办理许可审批手续,并获得批准
14			作业前,相关部门未按有关法律法规提前向海事主管机构提出申请	碰撞、沉没			作业前,相关部门应按有关法律法规提前向海事主管机构提出申请,以便海事主管机构配合作业
15			作业前,责任部门未指定一名作业总指挥	碰撞、其他伤害			作业前,责任部门应指定一名作业总指挥,所有参与作业人员均应听从作业总指挥的工作安排,按要求顺序开展作业活动
16			作业前,作业总指挥未编制移泊实施方案	碰撞、其他伤害			作业前,作业总指挥应编制移泊实施方案(包括拖带方案、系泊方案等),明确各工作时间节点、工种、设备、场所等

表 14(续 2)

序号	作业活动	安全风险因素	安全风险原因	安全风险危害	安全风险分析方法	安全风险等级	管控措施
17	移泊作业	管理因素	作业前,作业总指挥未采取适当方式将移泊实施方案通报所有参与作业人员知悉	碰撞、沉没			作业前,作业总指挥应采取适当方式将移泊实施方案通报所有参与作业人员知悉,并确认
18			作业前,作业总指挥未组织相关部门按职责做好船舶移泊前的准备工作	碰撞、沉没			作业前,作业总指挥应组织相关部门按职责做好船舶移泊前的准备工作,进行移泊船舶状态自查、确认,并在安全检查记录上签字
19			作业前,作业总指挥未组织相关部门按分工职责检查移泊作业所需牵引钢缆、系泊缆绳、风暴桩等完好性	碰撞、沉没			作业前,作业总指挥应组织相关部门按职责分工检查移泊作业所需牵引钢缆、系泊缆绳、风暴桩等完好性,确认可靠、有效,并在安全检查记录上签字
20			作业前,作业总指挥未组织相关部门对驻泊码头和附属设施状态进行检查	其他伤害			作业前,作业总指挥应组织相关部门对驻泊码头和附属设施状态进行检查,确认符合系泊要求
21			作业前,船舶原附有的作业和防护工装、装置,如影响移泊作业的,相关部门未拆除	其他伤害			作业前,船舶原附有的作业和防护工装、装置,如影响移泊作业的应由相关部门先行拆除
22			作业开始后,未先撤离船上无关人员,并撤除登船梯	其他伤害			作业开始后,应先撤离船上无关人员,并撤除登船梯
23			移泊船舶未按海事部门有关规定悬挂信号标志	其他伤害			移泊船舶应按海事部门有关规定,悬挂信号标志。如有必要还应设置临时声光信号、广播装置
24			船上系缆工未系好拖缆	碰撞、沉没			船上系缆工应系好拖缆并确认可靠

表 14(续 3)

序号	作业活动	安全风险因素	安全风险原因	安全风险危害	安全风险分析方法	安全风险等级	管控措施
25	移泊作业	管理因素	作业总指挥未在确认拖轮带缆和码头系缆解开后下达移泊指令	碰撞、沉没			作业总指挥应在确认拖轮带缆和码头系缆解开后下达移泊指令
26			船舶系缆时,系缆工未按系泊方案进行系缆、带缆	碰撞、其他伤害			船舶系缆时,系缆工应按系泊方案进行系缆、带缆
27			在未确认所有拖轮解缆后,作业总指挥下达拖轮返回指令	其他伤害			作业总指挥应在确认所有拖轮解缆后下达拖轮返回指令
28			在未确认船舶系缆可靠后,作业总指挥下达登船梯安装指令	其他伤害			作业总指挥应在确认船舶系缆可靠后下达登船梯安装指令
29			登船梯安装就位,未确认牢固、可靠后,移泊作业人员撤离船舶	其他伤害			移泊作业人员应在登船梯安装就位并确认牢固、可靠后,撤离船舶,作业结束

表 15　密性试验作业安全风险因素清单

序号	作业活动	安全风险因素	安全风险原因	安全风险危害	安全风险分析方法	安全风险等级	管控措施
1	密性试验作业	人的因素	现场作业人员未穿戴劳防用品或劳防用品穿戴不规范	高处坠落、物体打击			1　管理部门应为员工配备符合标准要求的劳防用品； 2　作业人员应提高安全意识，现场作业必须按要求穿戴劳防用品； 3　作业主管应加强日常监管
2			作业人员误入试压区	淹溺、窒息			密性试验封舱前应对舱室人员全面清场
3			违反作业指导书导致压力过大，引起爆舱	其他事故			加强员工的培训教育，严格按作业指导书操作
4			密性试验工装受压力时对接头进行拧紧操作，引起爆接头	其他事故			加强员工的培训教育，严格按作业指导书操作
5			未按操作规程缓慢操作排放，导致气体泄压过大	其他事故			泵气试验工作完毕，必须将压力放完，放气时应缓慢排放，安排专人监控直至泄气完毕，注意防止气压冲击伤人
6			未泄压完成，即拆除工装	其他事故			1　加强对员工的教育培训； 2　在派工时明确专人检查确认压力已泄完后才可以操作拆除工装； 3　作业完工要工完料清，及时将管线、工装回收
7		物的因素	密性试验工装螺母未上紧	物体打击			加压前应对密性试验工装螺母上紧情况检查
8			螺丝孔过大，螺母与密封板连接处未加垫片	物体打击			螺丝孔尺寸应规范，螺母与密封板连接处必须加垫片

表15(续)

序号	作业活动	安全风险因素	安全风险原因	安全风险危害	安全风险分析方法	安全风险等级	管控措施
9	密性试验作业	环境因素	舱室内照明亮度不足	物体打击、其他伤害			舱室内密性试验作业应配备充足照明设备
10			舱室内通风不良	火灾、爆炸、窒息			1　设备部门应为现场设置足够的通风、排风设施; 2　加强现场安全管理,人员进入船舱作业前,应进行有效的通风换气
11		管理因素	1　未办理危险作业审批许可手续或作业许可未闭环管理; 2　密性试验作业审批单已过期,未重新审批	物体打击、高处坠落			1　作业部门应加强密性试验作业现场安全管理; 2　必须严格密性试验作业审批手续,并采取有效防范措施; 3　教育培训管理部门及作业部门应加强日常安全教育; 4　现场班组应加强日常施工管理; 5　作业主管应加强日常监管
12			舱室内有人员未清理离舱	淹溺、窒息			作业部门应加强现场安全管理,密性试验封舱前舱室人员应全面清场
13			舱口未挂警示牌或专人监控	淹溺、窒息			作业部门应加强现场安全管理,在舱口安排专人监控并挂警示牌
14			泄压区未拉警戒线,未挂警示标志	淹溺、窒息			泄压区域拉设警戒线,并挂好警示标志牌
15		物理因素	舱室内高温	中暑			1　作业部门应避免安排人员高温天气进行舱室施工作业; 2　作业人员应加强安全意识,高温天气做好个人防护工作

表 16　投油/串油作业安全风险因素清单

序号	作业活动	安全风险因素	安全风险原因	安全风险危害	安全风险分析方法	安全风险等级	管控措施
1	投油/串油作业	人的因素	现场作业人员未穿戴劳防用品或劳防用品穿戴不规范	火灾、爆炸、物体打击			1　管理部门应为员工配备符合标准要求的劳防用品； 2　作业人员应提高安全意识，现场作业必须按要求穿戴劳防用品
2			操作人员未填写管系投油/串油作业相关记录	火灾、爆炸			作业部门应安全教育作业人员应提高安全意识
3		物的因素	投油/串油前未对油柜、油箱及主机曲轴等进行清洗	火灾、爆炸			作业部门应加强现场安全管理，投油/串油前应对油柜、油箱及主机曲轴等进行清洗
4			串油过程中漏油、跑油	火灾、爆炸			作业部门应加强现场安全管理，杜绝串油过程中的漏油、跑油现象
5		环境因素	舱室内照明亮度不足	物体打击、其他伤害			舱室内主机管系投油/串油作业应配备充足照明设备
6			舱室内通风不良	火灾、爆炸、窒息			1　设备部门应在现场设置足够的通风、排风设施； 2　加强现场安全管理，人员进入船舱作业前，进行有效的通风换气
7		管理因素	1　未办理危险作业审批许可手续或作业许可未闭环管理； 2　串油作业审批单已过期，未重新审批	火灾、爆炸			1　作业部门应加强日常安全管理，确保危险作业审批许可闭环管理，审批单处在有效时限内； 2　作业人员应提高安全意识，确保危险作业许可手续顺利完成
8			未按双人作业要求执行	火灾、爆炸			作业部门应加强现场安全管理，严格按双人作业要求执行

表 16(续)

序号	作业活动	安全风险因素	安全风险原因	安全风险危害	安全风险分析方法	安全风险等级	管控措施
9	投油/串油作业	管理因素	未安排专人进行看火	火灾、爆炸			作业部门应加强现场安全管理,派专人进行看火
10			作业现场未设置警示标志,未拉设警戒线	火灾、爆炸			作业现场应拉好警戒线,准备好相关防火、防滑物品
11			未准备吸烟毡、化油剂、木糠、抹布等物品	火灾、爆炸			作业部门应加强现场安全管理,准备吸烟毡、化油剂、木糠、抹布等物品
12			1　作业现场地面油污未清理; 2　串油完成后主机内油污残留,未清理	火灾、爆炸			1　作业现场做好油污清理工作; 2　串油完成后及时清理主机内油污残留
13			串油工装及临时管拆除后未对油管进行清理,便在旁边进行动火作业	火灾、爆炸			严禁串油工装及临时管拆除后未对油管进行清理,便在旁边进行动火作
14		物理因素	舱室内高温	中暑			1　作业部门应避免安排人员高温天气进行舱室施工作业; 2　作业人员应加强安全意识,高温天气做好个人防护工作

表 17　船舶加油/驳油作业安全风险因素清单

序号	作业活动	安全风险因素	安全风险原因	安全风险危害	安全风险分析方法	安全风险等级	管控措施
1	船舶加油/驳油作业	人的因素	加油工未经培训合格，并未取得化学品操作证	火灾、爆炸			加油工应经过培训合格，应取得化学品操作证并持证上岗
2			作业人员班前饮酒、吸毒，上岗时精神状态不正常	其他伤害			参与作业人员班前应无饮酒、吸毒，上岗时精神状态正常
3			作业人员防护用品穿戴不正确	其他伤害			正确穿戴防护用品（防静电工作服、防砸鞋、安全帽、安全带等），准备好防毒口罩、救生衣
4			作业人员在操作过程中未遵守相关岗位安全操作规程和设备安全操作规程	其他伤害			参与作业人员在操作过程中应遵守相关岗位安全操作规程和设备安全操作规程
5			向船上吊运输油管时，未由起重工负责指挥	起重事故			向船上吊运输油管时，应由起重工负责指挥，严禁其他人员指挥操作
6		物的因素	作业前，作业人员未检查确认所用设备、工具的完好性	物体打击、机械伤害			作业前，参与作业人员应检查确认所用设备、工具的完好性，发现问题及时解决
7			作业中未使用防爆的安全低压供电的自备照明灯具	触电			作业中应使用防爆的安全低压供电的自备照明灯具
8			开始作业前，未对油管、泵、阀门、计量仪表、附件、静电释放装置等进行检查	环境污染			开始作业前，应对油管、泵、阀门、计量仪表、附件、静电释放装置等进行检查，确保完好、可靠、有效，并形成记录，对于可能发生溢漏的地方，要设置集油容器

表 17(续 1)

序号	作业活动	安全风险因素	安全风险原因	安全风险危害	安全风险分析方法	安全风险等级	管控措施
9	船舶加油/驳油作业	物的因素	开始作业前,未对接收油品的舱、箱、柜的完整性和密封性以及管路、阀门等的密封性和有效性进行检查	环境污染			开始作业前,应对接收油品的舱、箱、柜的完整性和密封性以及管路、阀门等的密封性和有效性进行检查,确保完好、可靠、有效,并形成记录
10			相关方提供的油品均未保留油样	其他伤害			所有由相关方提供的油品均应保留油样,油样应用专用容器保存并详细记录品名、日期等信息,交相关部门留存、备查
11			现场作业人员未及时巡检油舱液位、管路、压力表	环境污染			现场作业人员应及时巡检油舱液位、管路、压力表,发现问题应及时采取措施,重大情况应通报作业现场指挥
12			作业过程中,如发生大量油品泄漏,作业现场指挥未立即启动相关现场处置方案和应急预案	环境污染			作业过程中,如发生大量油品泄漏,作业现场指挥应立即启动相关现场处置方案和应急预案
13			操作人员未详细记录各舱、柜、箱的最终的油品进出量和品名	其他伤害			操作人员应详细记录各舱、柜、箱的最终的油品进出量和品名
14			作业过程中产生的油抹布、油手套等未收到指定容器内	环境污染			作业过程中产生的油抹布、油手套等收集到指定的危险废弃物收集容器内
15			作业完工后未及时清理施工现场	环境污染			作业完工后必须及时清理施工现场,用木屑、抹布等将泄漏的油料吸除,并将其回收到指定危险废弃物收集容器内
16			作业完工后未清理产生的油污水	环境污染			作业完工后应清理产生的油污水,将其回收到指定的储油罐内

表 17(续 2)

序号	作业活动	安全风险因素	安全风险原因	安全风险危害	安全风险分析方法	安全风险等级	管控措施
17	船舶加油/驳油作业	环境因素	油船靠泊加油不符合气象要求	碰撞			油船靠泊加油应符合气象要求,禁止在极端天气进行靠泊加油、驳油
18			油船靠泊后未立即进行系缆	碰撞			油船靠泊后,作业管理部门应立即进行系缆,并确认有效、可靠
19		管理因素	在投油、加油、驳油作业前,作业部门未提出申请,说明用途、作业场所、加油或驳油方式、油品和油量等	火灾、爆炸			在投油、加油、驳油作业前,作业部门应提出申请,说明用途、作业场所、加油或驳油方式、油品和油量等,填写作业审批表,经审批后方可进行作业
20			作业开始前,未确认供油、驳油相关方的作业方式	火灾、爆炸			作业开始前,应确认供油、驳油相关方的作业方式。采用加油车方式的,作业管理部门应提前准备、清理加油车和船上作业场地,设置警戒区域,配备消防器材和吸油材料,张挂警示标志等;采用油船靠泊加油方式的,应提前与相关部门联系,明确系泊方案,准备系缆人员和器材,清理船上作业场地,设置警戒区域,配备消防器材、吸油材料和设备,张挂警示标志等
21			加油车到达作业现场后,未立即设置好静电释放装置	火灾、爆炸			加油车到达作业现场后,作业管理部门应立即设置好静电释放装置
22			作业前,未指定一名作业现场指挥	物体打击、机械伤害			作业前,应指定一名作业现场指挥,所有参与作业人员均应听从作业现场指挥的工作安排,按要求顺序开展作业活动
23			作业前,现场指挥未与相关参与作业人员统一操作指令	其他伤害			作业前,应由现场指挥与相关参与作业人员统一操作指令,并确认通信设备有效、可靠

表 17(续 3)

序号	作业活动	安全风险因素	安全风险原因	安全风险危害	安全风险分析方法	安全风险等级	管控措施
24	船舶加油/驳油作业	管理因素	作业完毕后未关闭所有的阀件、封板,油舱、管路	火灾、爆炸			作业完毕后,作业管理部门应关闭所有的阀件、封板,油舱、管路,对注油的油舱柜、油管及油舱柜的通气管门等必须贴上“油已注入、严禁明火”的标志,周围必须拉设警戒线

表 18　系泊试验作业安全风险因素清单

序号	作业活动	安全风险因素	安全风险原因	安全风险危害	安全风险分析方法	安全风险等级	管控措施
1	系泊试验作业	人的因素	特种作业(电工作业、高处作业、锅炉点火/试压等)人员未取得资格证书或证书已过期,患有职业禁忌证者从事作业	机械伤害、物体打击、火灾、爆炸、触电、高处坠落、淹溺、灼烫、职业病危害等			特种作业人员未取证禁止上岗,患有职业禁忌证者禁止从事相关作业,提醒并组织特种作业人员参加复训
2			临边、临水作业人员未穿着救生衣	淹溺等			临边、临水作业人员作业时应穿戴救生衣,无关人员禁止在水边或岸边出现
3			倾斜试验时,人员随意走动和围观	淹溺、物体打击等			倾斜试验时,参试人员应固定岗位,不得随意在两舷边随意走动和围观
4			舱口盖启闭试验时,升起的舱口盖未打开到锁定位置,舱口盖关闭时有人员在危险区域	高处坠落等			舱口盖启闭试验中,当舱口盖升起时,应打开到锁定位置,防止下滑,开口位置做好高坠措施;舱口盖关闭时,必须经监控人员确认无障碍物或无人员在危险区域后才能进行
5			小艇收放试验时,艇内有人员进入	高处坠落、淹溺等			小艇收放试验时,艇内严禁上人,如有特殊情况确定需要人员进入小艇操作,需经批准后从靠近水面一侧上人并做好安全防护,安全员全程到场监督,舷外及水面应无其他船舶或障碍物
6			收放舷梯及承载试验,缺少辅助保护措施	高处坠落、淹溺等			在进行承载和收放舷梯试验时,应使用吊车进行辅助保护

表 18(续 1)

序号	作业活动	安全风险因素	安全风险原因	安全风险危害	安全风险分析方法	安全风险等级	管控措施
7	系泊试验作业	物的因素	小艇脱钩试验时,在小艇离水面有一定高度就做了脱钩操作	高处坠落、淹溺等			对于操作小艇脱钩装置手柄的人员,一定要对其进行安全交底,保持其与试验指挥员的通信畅通,按指令操作,做到小艇底部刚触及水面时进行脱钩。切忌在小艇离水面有一定高度时脱钩
8			锅炉水压试验调试安全阀时,蒸汽溢出口有人员经过	灼烫等			调试安全阀时,作业人员应避开安全阀蒸汽溢出口,无关人员不得靠近
9		环境因素	主机试车时,上落梯、系泊索具、缆装等松动	碰撞、沉没等海上交通事故			主机试车过程中,应安排专人加强对上落梯和系泊索具及缆桩的检查,需要用码头吊物时,操作人员应密切关注船只动态
10			倾斜试验、船用起重设备负荷试验等作业时,可移动设备及材料滑动	物体打击等			倾斜试验、船用起重设备负荷试验前,应对甲板上的可移动设备及材料进行清理,不能清理下船的要采取措施进行固定,项目组负责组织检查并协调处理
11			氟利昂泄放管损坏	冻伤等职业病危害			冷库制冷试验时应检查氟利昂泄放管,确保完好有效后方可进行施工
12			锅炉管路密封性不良,一期仪表故障等	锅炉爆炸、灼烫等			锅炉点火试验前,应对仪表一期、管理密封性进行检验,控制锅炉压力、温度、水位在合理范围,无关人员禁止靠近,悬挂警示标志。锅炉水压试验时,应确保试验中至少设置两个压力表,并确保压力表的有效性,试验过程中指派专人负责监护

表18(续2)

序号	作业活动	安全风险因素	安全风险原因	安全风险危害	安全风险分析方法	安全风险等级	管控措施
13	系泊试验作业	物的因素	拖桩试验的钢绳、卸扣、滑轮安全系数不够	船舶倾翻、淹溺等			拖桩试验前,管理部门应检查钢绳、卸扣、滑轮等工具,确保完好有效,安全系数符合要求
14		环境因素	各项试验场所物体乱扔乱放,存有垃圾等	物体打击、机械伤害等			试验前,管理部门应对现场进行清理,物体摆放整齐,没有杂物、垃圾等
15			暴风雪、大风浪等恶劣天气	高处坠落、淹溺,沉没等海上交通事故			遇到暴风雪、6级以上大风等极端恶劣天气时应停止系泊试验
16			抛锚试验时,附近水域有障碍物、杂物未清理干净	淹溺等			抛锚试验前,管理部门应将附近水域清理干净,抛锚试验时,安排人员监控水域情况,确保没有船舶或其他物体进入
17		管理因素	未制定系泊试验安全操作规程和安全管理规定	机械伤害、物体打击、火灾、爆炸、触电、高处坠落、淹溺、灼烫、职业病危害等			管理部门应制定系泊试验作业安全操作规定和安全管理规定,并组织培训
18			主机试车前,各部位人员、对讲机等未配备到位,通信不畅等	机械伤害、物体打击、火灾、爆炸、触电、高处坠落、淹溺、灼烫、职业病危害等			主机试车作业前,各部位人员必须到位,配备足够的对讲机,联络通信设备确保通畅
19			设备调试人员未接受安全教育培训	机械伤害、物体打击、火灾、爆炸、触电、高处坠落、淹溺、灼烫、职业病危害等			设备厂家调试人员参加试验作业前,应由接待部门进行安全教育,严格遵守企业的安全管理制度
20			系泊试验前,未制定系泊试验大纲,未制订各项试验方案,未进行危险有害因素辨识	机械伤害、物体打击、火灾、爆炸、触电、高处坠落、淹溺、灼烫、职业病危害等			系泊试验前,管理部门应编制各项试验工艺文件,同时进行风险辨识,明确试验过程中的危险有害因素和安全防范措施

表18(续3)

序号	作业活动	安全风险因素	安全风险原因	安全风险危害	安全风险分析方法	安全风险等级	管控措施
21	系泊试验作业	管理因素	未设置警戒区域和警示标志	高处坠落、物体打击、机械伤害等			舱口盖启闭试验、舷梯试验、小艇装置试验、艇架负荷试验、小艇收放试验、抛锚试验、遥控门试验、拖桩试验、艉绞盘带缆试验等应在危险区域周围设置警戒线和警示标志,无关人员禁止入内
22			主机试车时,船舷及舷外作业、高处作业仍在进行	高处坠落、淹溺等			主机试车前,应停止船舷及舷外作业、高处作业,对可移动的设备及材料进行固定
23			试验船舶与码头、周边船舶安全距离不足	碰撞、沉没等海上交通事故			主机试验前应按照大纲确认码头试验负荷,主机试车船舶应与前后船舶之间保持一定的安全距离,确保码头试车中的安全,禁止无关船舶进入危险水域
24			主机试车时,驾驶室(台)未安排专人值班或指挥	碰撞、沉没等海上交通事故			主机试车时,驾驶室(台)应有专人值班和指挥,如有意外情况可立即采取应急停车或其他相应措施
25			加注油、水柜时,未指定专人负责	火灾、爆炸等			加注油、水柜时,应指定专人负责,加注前应认真检查各管路情况,确认无误后方可加注
26			冷库制冷试验时,库房内留有人员	冻伤等职业病危害			冷库制冷试验前,应对库内进行认真检查,确认无人后,方可关门上锁
27			舱口盖启闭试验时,舱口盖附近危险区域有障碍物,限位安装不满足要求,对舱口的动态监控不足等	高处坠落、物体打击等			舱口盖启闭试验前,应在危险区域周围做好警戒措施,防止无关人员进入;清理危险区域障碍物,确认限位(含临时)安装满足试验要求;启闭试验时,至少保证两人在舱口对角位置全程监控

表 18(续 4)

序号	作业活动	安全风险因素	安全风险原因	安全风险危害	安全风险分析方法	安全风险等级	管控措施
28	系泊试验作业	管理因素	船用起重试验时，舷外作业、高处作业、主机系泊试验交叉作业	高处坠落、淹溺、物体打击、起重伤害等			船用起重试验前，注意确认是否存在其他交叉作业，安排人员检查确认舷外作业、高处作业、主机系泊试验已经停止，起重试验应符合起重作业的操作规定
29			侧推试验时，舷侧、外板有人员施工作业，人员上下船舶等	高处坠落、淹溺等			侧推试验时，停止舷侧、外板施工作业，禁止人员上下船
30			电气设备试验时各岗位未安排专人值守	触电等			电气设备试验前，应全面检查电气设备设施，现场应清理干净；试验过程中，集控室、配电房、机舱等部位应专人值守，调试设备、电源箱应有明显标志，专人负责停电和送电工作

表 19　试航作业安全风险因素清单

序号	作业活动	安全风险因素	安全风险原因	安全风险危害	安全风险分析方法	安全风险等级	管控措施
1	试航作业	管理因素(备航阶段)	未按规定成立试航领导小组和试航工作组	伤亡事故、职业病危害、海上交通事故			应按照《船舶试航安全管理规定》(CB 4294—2013)的要求成立试航领导小组和试航工作组,并做出相关规定
2			未按规定召开试航工作会议,试航工作组人员职责不明	伤亡事故、职业病危害、海上交通事故			应按照《船舶试航安全管理规定》(CB 4294—2013)的要求召开试航工作会议,明确试航工作组人员职责
3			未制定试航大纲、未对试航大纲组织评审或试航大纲不满足要求	伤亡事故、职业病危害、海上交通事故			应按照《船舶试航安全管理规定》(CB 4294—2013)的要求制定试航大纲并组织评审
4			未制订应急预案或应急预案不满足要求,未对应急预案进行演练	伤亡事故、职业病危害、海上交通事故			应按照《船舶试航安全管理规定》(CB 4294—2013)的要求制订紧急预案并进行演练,组织评审和演练
5			参与试航的第三方人员未签订安全生产协议	伤亡事故、职业病危害			应按规定与参与试航的第三方人员签订安全生产协议
6		管理因素(航前阶段)	未按规定对照安全检查表对全船进行安全检查	伤亡事故、职业病危害、海上交通事故			应按规定对照安全检查表对全船进行安全检查,及时消除隐患,对危险源进行有效控制
7			未对参与试航人员进行安全教育,人员安全意识不足	伤亡事故、职业病危害			试航前,应按照规定对所有参与试航人员进行培训教育,进行安全交底

表 19(续 1)

序号	作业活动	安全风险因素	安全风险原因	安全风险危害	安全风险分析方法	安全风险等级	管控措施
8	试航作业	管理因素(航前阶段)	食品、饮用水配备不足或不符合健康要求	中毒等			试航前,管理部门对食品、饮用水进行仔细清点,配备数量应确保试航期间所有人员的正常生活,确保保鲜、储存等设备运转正常
9			消防和救生设备、急救等医用药品配备不足	火灾、淹溺等			管理部门按规定配备消防、救生以及急救用品,确保存量充足
10			舰船压载水舱、淡水舱、饮用水舱、燃油舱、滑油舱等船舱的状态以及舰船吃水状态不满足出航要求	海上交通事故			试航前,管理部门应检查淡水、燃油、滑油等舱室的状态,确保加注到位;检查船舶的吃水状态,确保能按计划试航
11			未按规定对参与试航人员登船进行登记和核实	人员失踪等其他事故			建立参与试航人员花名册,管理部门应对登船人员进登记,并核实
12		人的因素(航行阶段)	舰船靠泊码头或锚泊时船上人员未按规定上下船	淹溺			待舰船靠泊或锚泊稳定后,船上人员应按照规定上下船,必要时穿戴救生衣
13			在机舱平台边缘及临边作业的人员未按规定系安全带	高处坠落、淹溺			作业人员应严格遵守临边作业安全操作规程,按规定穿戴劳防用品,必要时穿救生衣
14			甲板外板或上层建筑外侧作业时操作不当	高处坠落、淹溺			作业人员应严格遵守安全操作规程,按规定穿戴劳防用品,必要时穿救生衣
15			试航人员违反规定吸烟	火灾、爆炸			设立指定吸烟点,其他区域禁止吸烟
16			锚链收放不当	物体打击			应设置作业警戒区域,无关人员离开现场,由专人按照安全操作规程进行操作,作业人员应穿戴好劳防用品

表 19(续 2)

序号	作业活动	安全风险因素	安全风险原因	安全风险危害	安全风险分析方法	安全风险等级	管控措施
17	试航作业	物的因素(航行阶段)	机械噪声	耳聋等职业病危害			采取降噪措施或正确佩戴耳塞
18			主辅机运行产生的高温及管路高温等	烫伤			作业人员应严格遵守试航过程中的作业操作规定,按规定穿戴防护手套
19			食物腐坏	中毒			在加工或食用存储的食物前,管理部门应对食物进行检查,确保食物在保鲜期内
20			造水机造水试验导致饮用水污染	中毒			试验用的造水机应与储备的饮用水分离,由专人操作,严格遵守安全操作规程
21			推进回转试验导致舰船摇晃	溺水			无关人员禁止室外活动,室外操作人员应穿戴救生衣
22			锅炉安全阀试验出现蒸汽泄露	烫伤			试验时设立警示牌,无关人员禁止进入,由专人进行操作并穿戴好防护用品
23			物体未绑扎或未固定牢靠	物体打击			航行时应对可移动的物体尽量固定或采取防倾倒、滑动措施
24			机舱燃油泄漏	火灾等其他事故			管理部门应对燃油管路、阀门进行定期巡查,操作时由专人按照安全操作规程进行操作并准备好油盘、吸油棉等防溢流物品
25			易燃易爆危险品管理不规范	火灾、爆炸、中毒、窒息等			管理部门应对易燃易爆危险品存放区域进行日常检查并做好记录,按要求分开存放,使用时严格遵守安全操作规程
26			漏电	触电			管理部门应定期对电气设备进行检查,由专人对电气设备按照安全操作规程进行操作,穿戴好防触电劳防用品

表 19(续 3)

序号	作业活动	安全风险因素	安全风险原因	安全风险危害	安全风险分析方法	安全风险等级	管控措施
27	试航作业	物的因素(航行阶段)	断电	其他事故			管理部门应确保应急照明系统完好以及应急通道标识完整,为试航人员配备手电等照明设备
28		环境因素(航行阶段)	甲板或过道湿滑、存在油污	火灾及其他事故			保持甲板或过道清洁,作业过程中避免油污撒漏,班前班后进行清扫,出现地面湿滑、油污等应及时清理
29			恶劣天气应急准备不足或其他意外情况	搁浅、撞船等海上交通事故			试航前管理部门应提前查询试航期间航线的天气情况,并制订试航恶劣天气应急预案开展演练
30			舱室进水	淹溺、海上交通事故			管理部门应制订相应应急预案并进行演练,试航前对水密完整性进行评估
31			试航过程中遇到风浪	淹溺等伤亡事故、海上交通事故			管理部门应制订相应应急预案并进行演练,试航期间应对天气条件进行评估,准备好救生设备,不适合舱外作业的应停止作业,按规定穿戴救生衣,必要时返航或靠泊。
32		管理因素(航行阶段)	使用明火进行火灾报警等试验时未按规定审批	火灾			严格遵照明火操作规定,办理申请审批手续,落实监护人员,配备灭火设备
1		管理因素(试航结束)	未按规定对照上船试航人员名单核对返航下船人员	人员失踪等其他伤害			严格按照规定对返航人员进行清点,确保返航人员与出航人员一致

表20　清理油舱/柜作业安全风险因素清单

序号	作业活动	安全风险因素	安全风险原因	安全风险危害	安全风险分析方法	安全风险等级	管控措施
1	清理油舱/柜作业	人的因素	现场作业人员未穿戴劳防用品或劳防用品穿戴不规范	火灾、爆炸、物体打击			1　管理部门应为员工配备符合标准要求的劳防用品； 2　作业人员应提高安全意识，现场作业必须按要求穿戴劳防用品
2		物的因素	未使用防爆的照明灯具和通风设备	火灾、爆炸			1　设备部门应为清理油舱/柜作业舱室配备防爆的照明灯具和通风设备； 2　现场作业人员应按规定正确使用照明灯具和通风设备
3			随身携带的工具、器械不符合防爆要求	火灾、爆炸			1　设备部门应为清理油舱/柜作业舱室配备防爆的照明灯具和通风设备； 2　现场作业人员应按规定携带防爆工具、器械
4		环境因素	舱室内照明亮度不足	物体打击、其他伤害			舱室内清理油舱/柜作业应配备充足的照明设备
5			舱室内通风不良	火灾、爆炸、窒息			1　设备部门应在现场设置足够的通风、排风设施； 2　加强现场安全管理，人员进入船舱作业前应进行有效的通风换气
6		管理因素	1　未办理危险作业审批许可手续或作业许可未闭环管理； 2　清油作业审批单已过期，未重新审批	火灾、爆炸、物体打击			1　作业部门应加强日常安全管理，确保危险作业审批许可闭环管理，审批单处在有效时限内； 2　作业人员应提高安全意识，确保危险作业许可手续顺利完成
7			舱内施工未按双人监护要求执行	火灾、爆炸			作业部门应加强日常安全管理，舱内施工应按双人监护要求执行

表 20(续)

序号	作业活动	安全风险因素	安全风险原因	安全风险危害	安全风险分析方法	安全风险等级	管控措施
8	清理油舱/柜作业	管理因素	涉及明火作业油舱,未先将舱内油泥清除干净,并未经测爆合格后,便进行作业	火灾、爆炸			作业部门应加强日常安全管理,涉及明火作业油舱,应先将舱内油泥清除干净,并经测爆合格后再进行作业
9			油舱(柜)道门打开后,附近及上方的明火作业未停止	火灾、爆炸			作业部门应加强日常安全管理,油舱(柜)道门打开后,附近及上方应禁止明火作业
10			施工前未设置明火作业禁区	火灾、爆炸			作业部门应加强日常安全管理,施工前设置明火作业禁区
11			舱(柜)未经过氧气含量检测或氧气检测不合格,人员便进入舱内	窒息			作业部门应加强日常安全管理,确保舱(柜)经过氧气含量检测或氧气检测合格后,人员方能进入舱内
12			挖油脚用的工具包括空桶、输油管泵及其他容器等随意堆放在码头上和坞内,未放在指定工作位置,工程结束后未及时回收并妥善放置	火灾、爆炸、物体打击			作业部门应加强日常安全管理,各类工具、输油管泵等物品,在工程结束后应及时收回并妥善放置
13		物理因素	舱室内高温	中暑			1　作业部门应避免安排人员高温天气进行舱室施工作业; 2　作业人员应加强安全意识,高温天气做好个人防护工作

表21　现场喷砂/喷丸作业安全风险因素清单

序号	作业活动	安全风险因素	安全风险原因	安全风险危害	安全风险分析方法	安全风险等级	管控措施
1	现场喷砂/喷丸作业	人的因素	作业人员未经体检上岗或患有职业禁忌证	机械伤害、物体打击、高处坠落、火灾、爆炸、粉尘、噪声导致的职业性尘肺病及其他呼吸系统疾病、职业性耳鼻喉口腔疾病等			喷砂(丸)作业人员需经上岗、岗中、离岗体检,有职业禁忌证者禁止从事相关作业
2			作业人员未经过技能及安全培训、未持证上岗	机械伤害、物体打击、高处坠落、火灾、爆炸、粉尘、噪声导致的职业性尘肺病及其他呼吸系统疾病、职业性耳鼻喉口腔疾病等			作业人员上岗前需经过三级安全教育培训和作业技能培训,从事钢结构滚轮操作及喷锌作业人员应取得相应的作业资格证书
3			作业人员未按规定穿戴劳防用品	机械伤害、物体打击、高处坠落、粉尘、噪声导致的职业性尘肺病及其他呼吸系统疾病、职业性耳鼻喉口腔疾病等			企业应为作业人员提供必要的劳防用品,喷砂枪手、拉管工应穿戴正压式送风大头帽、耳塞、手套等劳防用品;看缸工应穿戴好安全帽、复式防尘口罩、耳塞、手套等劳防用品,晚间作业穿戴好荧光背心,2m以上高处喷砂作业应系好安全带
4			人员站在车间柔性门下面休息	物体打击等			严禁人员在柔性大门下面休息、站立,柔性大门打开后,要立即将防坠落支架正确放置在大门两侧的下方,防止大门失灵坠落伤人

表 21(续 1)

序号	作业活动	安全风险因素	安全风险原因	安全风险危害	安全风险分析方法	安全风险等级	管控措施
5	现场喷砂/喷丸作业	人的因素	同时进喷砂作业时,安全距离不足	物体打击、机械伤害等			两人以上同时进行喷砂作业,喷砂方向应当基本保持一致,严禁将枪口对准他人,多层以上冲砂作业,应由下而上逐层进行。喷砂作业人员之间应保持5 m以上安全距离
6		物的因素	有效空间喷砂时,照明、电气设备不符合防爆要求	爆炸等			有限空间分段进行喷砂作业时应按有限空间作业要求进行管理,履行审批手续,通风、照明、电气等设备设施采用防爆型
7			消防栓、灭火器配备不足或失效	火灾、爆炸等			管理部门每月一次检查消防设备设施,确保完好有效、能正常使用
8			冲砂胶管压力不足,老化、磨损严重	机械伤害、物体打击等			冲砂胶管应采用耐压胶管,耐压力不应小于工作压力的 3 倍,老化、磨损严重和机械损伤的胶管应及时予以更换,不得使用非正规接头胶管
9			喷砂缸阀件松动	机械伤害、物体打击等			作业前管理部门应检查喷砂缸阀件,砂管与阀件除用螺纹接口进行连接外,还要用铁丝箍筋
10			脚手架等不符合要求	高处坠落等			作业前管理部门应对脚手架进行检查交验,确认脚手架是否符合作业安全要求,高处作业系好安全带
11		环境因素	安全通道杂物较多、物件随意堆放	机械伤害、物体打击等			喷砂房遇有较大构件或分段时,管理部门应在四周留有安全通道,通道内应清理干净,确保人员通行,不得随意堆放物件,墙面醒目位置设置安全通道指示标志

表21(续2)

序号	作业活动	安全风险因素	安全风险原因	安全风险危害	安全风险分析方法	安全风险等级	管控措施
12	现场喷砂/喷丸作业	环境因素	厂房内粉尘浓度过高	爆炸、粉尘等职业病危害			喷砂作业前和作业过程中应做好通风,自然通风效果不理想的采用机械通风,通风设备应为防爆型
13			照明条件不符合要求	物体打击、机械伤害、高处坠落等			喷砂作业时,应保证良好的照明环境,有限空间照明应采用防爆照明灯具
14		管理因素	未制定喷砂(丸)作业安全操作规程和安全管理规定	机械伤害、物体打击、高处坠落、火灾、爆炸、粉尘、噪声导致的职业性尘肺病及其他呼吸系统疾病、职业性耳鼻喉口腔疾病等			制定喷砂(丸)作业安全操作规程和安全管理规定,并组织培训
15			未设置职业危害因素告知牌,安全指示、警示标志	机械伤害、物体打击、高处坠落、火灾、爆炸、粉尘、噪声导致的职业性尘肺病及其他呼吸系统疾病、职业性耳鼻喉口腔疾病等			喷砂(丸)作业车间门口应设置粉尘、噪声等职业危害因素告知牌,“禁止开启无线移动通信设备”“穿工作服、戴安全帽、护目镜、耳塞、口罩、系安全带、禁止吸烟等”安全警示标志
16			喷砂(丸)车间明火作业未经审批	火灾、爆炸等			因工作需要在厂房进行明火作业时,应办理动火审批手续,停止喷砂(丸)作业,经审批同意,落实各项安全措施后方可进行
17			喷砂(丸)车间未明确责任人,未定期进行安全检查	机械伤害、物体打击、高处坠落、火灾、爆炸等			每间喷砂厂房均应明确责任人,责任人每天负责对厂房内设备设施进行一次检查,发现异常,及时上报并立即整改

表21(续3)

序号	作业活动	安全风险因素	安全风险原因	安全风险危害	安全风险分析方法	安全风险等级	管控措施
18	现场喷砂/喷丸作业	管理因素	作业时未关闭柔性大门	粉尘、噪声等职业病危害			在喷砂房内进行喷砂作业时,必须体检关闭柔性大门,防止粉尘飞出厂房外,开启除尘、照明设备
19			未安排专人监护	机械伤害、物体打击、高处坠落、火灾、爆炸等			喷砂(丸)设备必须有专人操作、监护,禁止其他作业与喷砂作业在同一区域内进行
20			作业结束后未对现场进行清理,未将工件、物件摆放至指定处	机械伤害、物体打击等			喷砂作业结束后,应收归好设备、工具及皮带,及时清除废砂、清扫现场垃圾,减少扬尘污染,废砂装入专门容器,钢丸做好回收

表22　涂装作业安全风险因素清单

序号	作业活动	安全风险因素	安全风险原因	安全风险危害	安全风险分析方法	安全风险等级	管控措施
1	涂装作业	人的因素	1　作业人员未持证上岗或证书已过期; 2　作业人员存在职业禁忌证	火灾、爆炸、物体打击、高处坠落、职业性尘肺病及其他呼吸系统疾病、职业性耳鼻喉口腔疾病			教育培训管理部门应组织涂装作业人员参加特种作业人员培训,并确保特种作业人员操作证有效
2			1　现场作业人员未穿戴劳防用品或劳防用品穿戴不规范	物体打击、高处坠落、职业性尘肺病及其他呼吸系统疾病、职业性耳鼻喉口腔疾病			1　管理部门为员工配备符合标准要求的劳防用品; 2　作业人员应提高安全意识,现场作业必须按要求穿戴劳防用品; 3　作业主管加强日常监管
3		物的因素	1　涂装作业所使用的油漆泵、喷枪损坏; 2　软管存在断裂、泄露、划破、膨胀、活接头损坏; 3　调漆搅拌机、油漆泵等设备未可靠接地	触电、机械伤害、物体打击			1　作业部门应加强日常安全检查,确保涂设备各部件处于正常运转状态; 2　现场班组应加强日常施工管理; 3　作业主管应加强日常监管
4			涂装作业场所的电气设备、照明设施不防爆	爆炸			设备部门应为涂装作业场所配备防爆照明和电气设备
5		环境因素	通风、排风设施设置不足,人员进入船舱作业前,未进行有效的通风换气	火灾、爆炸、窒息			1　设备部门应为现场设置足够的通风、排风设施; 2　加强现场安全管理,人员进入船舱作业前,进行有效的通风换气

表 22(续 1)

序号	作业活动	安全风险因素	安全风险原因	安全风险危害	安全风险分析方法	安全风险等级	管控措施
6	涂装作业	环境因素	对有多层舱室的船舶，进入不同舱室作业时，未分别进行通风换气	火灾、爆炸、窒息			作业部门应加强现场作业安全管理，对有多层舱室的船舶，进入不同舱室作业时，应分别进行通风换气
7			进入自然通风换气效果不好的舱室或封闭时间较长的舱室(如空舱、水舱、锚链舱、边舱、双层底、油舱和浮筒舱等)未采用机械通风	火灾、爆炸、窒息			作业部门应加强现场作业安全管理，进入自然通风换气效果不好的舱室或封闭时间较长的舱室应采用机械通风
8			舱室内涂装作业照明亮度不足	高处坠落、物体打击			舱室内涂装作业应配备充足照明设备
9		管理因素	涂装作业期间，未派专人负责巡回检查	火灾、爆炸			作业部门在舱室涂装作业期间应派专人巡回检查
10			1　未办理危险作业审批许可手续或作业许可未闭环管理； 2　涂装作业审批单已过期，未重新审批	火灾、爆炸、物体打击、高处坠落、职业性尘肺病及其他呼吸系统疾病、职业性耳鼻喉口腔疾病			1　作业部门应加强现场作业安全管理，作业人员应办理危险作业审批许可手续，并确保危险作业闭环管理； 2　作业人员应提高安全意识，确保危险作业审批单未过期
11			舱室内喷涂作业未配备专人监护	火灾、爆炸			作业部门应加强明火作业现场安全管理，安排舱室内喷涂作业监护人员
12			舱室在进行涂装作业期间，未设警戒区域，警戒标志	火灾、爆炸			作业部门应加强现场安全管理，在舱室涂装作业期间设置警戒区域和警戒标志

表22(续2)

序号	作业活动	安全风险因素	安全风险原因	安全风险危害	安全风险分析方法	安全风险等级	管控措施
13	涂装作业	管理因素	一般情况下,舱室的喷涂作业人员超过5人	火灾、爆炸			1　班组做好日常作业人员分配工作,应确保舱室内喷涂作业人员一般不超过5人; 2　作业主管应加强日常监管
14			1　涂装作业现场存放的涂料材料超过一个班的用量 2　未对涂装作业使用的涂料、溶剂等危险化学品实行上下船登记制度	火灾			1　管理部门应加强涂料管理工作; 2　教育培训管理部门及作业部门应加强日常安全教育
15			涂装作业舱室周围以及相邻舱室的围壁等部位,进行热工作业或与涂装作业相抵触的其他作业	火灾、爆炸			1　管理部门应加强涂装作业现场安全管理; 2　教育培训管理部门及作业部门应加强日常安全教育,严格要求职工自觉遵守各项规章制度、操作规程; 3　现场作业主管应加强日常安全监管
16			作业现场携带烟火或违规使用易产生静电或火花的物品	火灾、爆炸			作业部门应加强日常监管,禁止携带烟火或违规使用易产生静电或火花的物品
17			作业现场防火措施落实不到位,未配备消防器材,或消防器材配备不足	火灾、爆炸			作业部门应加强现场作业安全管理,严格落实作业现场防火措施,并配备足量的消防器材
18			涂装作业完毕,未将剩余的涂料、溶剂、废弃物等从作业区域中全部清理出	火灾、爆炸			1　现场班组应加强日常施工管理; 2　作业主管应加强日常监管,确保作业完毕后,剩余的涂料、溶剂、废弃物等从作业区域中全部清理出

表22(续3)

序号	作业活动	安全风险因素	安全风险原因	安全风险危害	安全风险分析方法	安全风险等级	管控措施
19	涂装作业	粉尘	舱室内涂装作业过程中产粉尘过量	职业性尘肺病及其他呼吸系统疾病			1　设备管理部门采购更先进的涂装作业设备、通风设备; 2　作业人员应加强安全意识,在作业过程中按要求穿戴好劳防用品
20		物理因素	舱室内涂装作业过程中噪声超标	职业性耳聋			1　设备管理部门应采购更先进的涂装作业设备; 2　作业人员应加强安全意识,在作业过程中按要求穿戴好劳防用品
21			舱室内高温	中暑			1　作业部门应避免安排高温天气进行舱室施工作业; 2　作业人员应加强安全意识,高温天气做好个人防护工作

表 23　焊接作业安全风险因素清单

序号	作业活动	安全风险因素	安全风险原因	安全风险危害	安全风险分析方法	安全风险等级	管控措施
1	焊接作业	人的因素	1　作业人员未持证上岗或证书已过期； 2　作业人员存在职业禁忌证	触电、火灾、爆炸、物体打击、高处坠落、职业性尘肺病及其他呼吸系统疾病、职业性耳鼻喉口腔疾病、职业性眼疾、其他伤害			教育培训管理部门应组织焊接作业人员参加特种作业人员培训，并确保特种作业人员操作证有效
2			现场作业人员未穿戴劳防用品或劳防用品穿戴不规范	触电、物体打击、高处坠落、职业性尘肺病及其他呼吸系统疾病、职业性耳鼻喉口腔疾病、职业性眼疾、其他伤害			1　管理部门应为员工配备符合标准要求的劳防用品； 2　作业人员应提高安全意识，现场作业必须按要求穿戴劳防用品； 3　作业主管应加强日常监管
3			作业人员作业时佩戴金属饰物	触电			作业部门应加强现场安全管理，禁止作业人员佩戴金属饰物
4			作业前未检查工具、设备的完好性	触电、火灾、爆炸			1　作业人员应提高安全意识，作业前，主动对工具、设备进行日常安全检查； 2　作业主管应加强日常监管，督促作业人员作业前进行工具、设备检查
5			将电焊皮带缠在身上进行登高作业	高处坠落			教育培训管理部门应加强对作业人员安全意识培训，杜绝此类事件发生
6			在脚手板上垫木箱、凳子等进行作业	其他伤害			教育培训管理部门应加强对作业人员安全意识培训，杜绝此类事件发生
7			1　暂停作业时，未将焊条从焊钳上取下； 2　更换电焊条时直接用手拿电焊条	触电、火灾、爆炸			教育培训管理部门应加强对作业人员安全意识培训，杜绝此类事件发生

表 23(续 1)

序号	作业活动	安全风险因素	安全风险原因	安全风险危害	安全风险分析方法	安全风险等级	管控措施
8	焊接作业	人的因素	焊接工具未妥善保管,随地乱扔乱丢	其他伤害			加强作业现场 5S 管理,严禁乱扔乱丢作业工具
9			1 舱室涂装作业完成后,未进行测爆,便进场进行焊接作业; 2 在涂装作业警戒区域内以及有禁火标志的区域内进行焊接作业	火灾、爆炸			1 作业部门应加强现场安全管理; 2 作业人员应提高安全意识,涂装作业完成后,经过测爆方能进行焊接作业
10							
11			1 作业后工具未关闭电源、气源、风源; 2 未清除火种、未清点人数	触电、火灾、爆炸			作业部门应加强现场作业安全管理,作业后必须关闭电源,清点人数
12			氧气、乙炔、二氧化碳停用后,未将皮带拿出舱室外,并未卸下焊、割器具	火灾、爆炸			作业部门应加强焊接作业现场安全管理,氧气、乙炔、二氧化碳停用后,应将皮带拿出舱室外,并卸下焊、割器具
13							
14		物的因素	焊机外壳保护线(PE 线)接线连接不可靠	触电、火灾、爆炸			作业部门应做好日常安全检查,确保焊机外壳保护线(PE 线)接线可靠
15							
16			电源线、焊接电缆与焊机连接处无可靠屏护	触电、火灾、爆炸			作业部门应做好日常安全检查,确保电源线、焊接电缆与焊机连接处屏护可靠
17			焊机一次侧电源线长度超过 3m,并有接头,且拖地或跨越通道使用	触电、火灾、爆炸			作业部门应做好日常安全检查,焊机一次侧电源线长度不超过 3 m,并无接头,且未拖地或跨越通道使用
18			焊钳夹紧力不好,绝缘不可靠,隔热层损坏	触电、火灾、爆炸			作业部门应做好日常安全检查,确保焊钳夹力良好,绝缘可靠,隔热层完好无损
19			可燃气体分配器有破损,未设置泄压、回火防止器	触电、火灾、爆炸			作业部门应做好日常安全检查,确保可燃气体集配器完好,泄压、回火装置良好

表23(续2)

序号	作业活动	安全风险因素	安全风险原因	安全风险危害	安全风险分析方法	安全风险等级	管控措施
20	焊接作业	物的因素	各种可燃气体软管颜色混用;使用泄漏、烧坏、磨损、老化或有其他缺陷的软管	触电、火灾、爆炸			作业部门做好日常安全检查,确保各种可燃气体软管颜色未混用,并完好无损
21		环境因素	作业现场周围存在易燃易爆物品或存在与焊接作业相抵触的作业,且未采取安全控制措施即实施作业	火灾、爆炸			1 作业部门应加强焊接作业现场安全管理; 2 教育培训管理部门及作业部门应加强日常安全教育,严格要求职工自觉遵守各项规章制度、操作规程; 3 现场作业主管加强日常安全监管
22			登高焊接作业点火星所及范围未设置警戒区或未清除易燃易爆物品	火灾、爆炸			作业部门应加强现场作业安全管理,对登高焊接作业点火星所及范围内设置警戒区,并清除易燃易爆物品
23			1 雨天在露天进行焊接作业; 2 在潮湿地带工作时未穿好绝缘鞋、铺好绝缘垫	触电			1 管理部门应加强现场安全管理,禁止雨天在露天进行焊接作业; 2 潮湿地带进行焊接作业应做好防护措施
24			通风、排风设施设置不足,人员进入船舱作业前,未进行有效的通风换气	火灾、爆炸、窒息			1 设备部门应为现场设置足够的通风、排风设施; 2 管理部门应加强现场安全管理,人员进入船舱作业前,应进行有效的通风换气
25			进入自然通风换气效果不好的舱室或封闭时间较长的舱室(如空舱、水舱、锚链舱、边舱、双层底、油舱和浮筒舱等)未采用机械通风	火灾、爆炸、窒息			作业部门应加强现场作业安全管理,进入自然通风换气效果不好的舱室或封闭时间较长的舱室应采用机械通风

表23(续3)

序号	作业活动	安全风险因素	安全风险原因	安全风险危害	安全风险分析方法	安全风险等级	管控措施
26	焊接作业	环境因素	舱室内焊接作业照明亮度不足	高处坠落、物体打击			作业部门应加强现场作业安全管理,为舱室内焊接作业配备充足照明设备
27		管理因素	1 作业现场未见焊接作业安全操作规程; 2 焊接作业安全操作规程有不符合法律法规、标准规范要求	触电、火灾、爆炸、物体打击、高处坠落、职业性尘肺病及其他呼吸系统疾病、职业性耳鼻喉口腔疾病、职业性眼疾、其他伤害			1 作业部门应制定符合法律法规、标准规范要求的操作规程,并在现场张贴; 2 作业人员应当加强安全操作规程学习,严格按照操作规程进行作业
28 29			未办理危险作业审批许可手续或作业许可未闭环管理;作业审批单已过批准时限,或超出动火范围动火	火灾、爆炸、窒息			1 作业部门应加强现场作业安全管理,作业人员应办理危险作业审批许可手续,并确保危险作业闭环管理; 2 作业人员应提高安全意识,确保危险作业审批单在动火时限和动火范围内
30			Ⅱ级焊接作业未派专人现场监护或作业现场无人监护	火灾、爆炸、窒息			作业部门应加强焊接作业现场安全管理,Ⅱ级焊接作业必须派专人现场监护,并且监护人员不能擅自离岗
31			作业现场防火措施落实不到位,未配备消防器材,或消防器材配备不足	火灾、爆炸			作业部门应加强现场作业安全管理,严格落实作业现场防火措施,并配备足量的消防器材
32		粉尘	舱室内明火作业过程中产生的粉尘浓度超标	职业性尘肺病及其他呼吸系统疾病			1 设备管理部门应采购更先进的明火作业设备、通风设备; 2 作业人员应提高安全意识,在作业过程中按要求穿戴好劳防用品

表 23(续 4)

序号	作业活动	安全风险因素	安全风险原因	安全风险危害	安全风险分析方法	安全风险等级	管控措施
33	焊接作业	物理因素	舱室明火作业过程中生的大量红外线、紫外线和可见光	职业性眼疾(电光性眼炎、光辐射)			1　设备管理部门应采购更先进的明火作业设备; 2　作业人员应提高全意识,在作业过程中按要求穿戴好劳防用品
34			舱室内明火作业过程中噪声超标	职业性耳聋			1　设备管理部门应采购更先进的明火作业设备; 2　作业人员应提高安全意识,在作业过程中按要求穿戴好劳防用品
35			高温天气在室外进行焊接作业	中暑			管理部门应加强现场安全管理,高温天气进行焊接作业应做好防护措施
36			舱室内高温	中暑			1　作业部门应避免安排高温天气进行舱室施工作业; 2　作业人员应提高安全意识,高温天气做好个人防护工作

表 24　切割作业安全风险因素清单

序号	作业活动	安全风险因素	安全风险原因	安全风险危害	安全风险分析方法	安全风险等级	管控措施
1	切割作业	人的因素	1　作业人员未持证上岗或证书已过期； 2　作业人员存在职业禁忌证	触电、火灾、爆炸、物体打击、高处坠落、职业性尘肺病及其他呼吸系统疾病、职业性耳鼻喉口腔疾病、职业性眼疾、其他伤害			教育培训管理部门应组织切割作业人员参加特种作业人员培训，并确保特种作业人员操作证有效
2			现场作业人员未穿戴劳防用品或劳防用品穿戴不规范	触电、物体打击、高处坠落、职业性尘肺病及其他呼吸系统疾病、职业性耳鼻喉口腔疾病、职业性眼疾、其他伤害			1　管理部门应为员工配备符合标准要求的劳防用品； 2　作业人员应提高安全意识，现场作业必须按要求穿戴劳防用品； 3　作业主管应加强日常监管
3			作业人员作业时佩戴金属饰物	触电			作业部门应加强现场安全管理，禁止作业人员佩戴金属饰物
4			作业前未检查工具、设备的完好性	触电、火灾、爆炸			1　作业人员应提高安全意识，作业前主动对工具、设备进行日常安全检查； 2　作业主管应加强日常监管，督促作业人员作业前进行工具、设备检查
5			将气割皮带缠在身上进行登高作业	高处坠落			教育培训管理部门应加强对作业人员安全意识培训，杜绝此类事件发生
6			在脚手板上垫木箱、凳子等进行作业	其他伤害			教育培训管理部门应加强对作业人员安全意识培训，杜绝此类事件发生
7			1　暂停作业时未将焊条从焊钳上取下； 2　更换电焊条时直接用手拿电焊条；	触电、火灾、爆炸			教育培训管理部门应加强对作业人员安全意识培训，杜绝此类事件发生

表 24(续 1)

序号	作业活动	安全风险因素	安全风险原因	安全风险危害	安全风险分析方法	安全风险等级	管控措施
8	切割作业	人的因素	切割工具未妥善保管,随地乱扔乱丢	其他伤害			加强作业现场 5S 管理,严禁乱扔乱丢作业工具
9			1 舱室涂装作业完成后,未进行测爆,便进场进行切割作业; 2 在涂装作业警戒区域内以及有禁火标志的区域内进行切割作业	火灾、爆炸			1 作业部门应加强现场安全管理; 2 作业人员应提高安全意识,涂装作业完成后,经过测爆方能进行切割作业
10			1 作业后工具未关闭电源、气源、风源; 2 未清除火种、未清点人数	触电、火灾、爆炸			作业部门应加强现场作业安全管理,作业后必须关闭电源,清点人数
11			氧气、乙炔、二氧化碳停用后,未将皮带拿出舱室外,并未卸下焊、割器具	火灾、爆炸			作业部门应加强切割作业现场安全管理,氧气、乙炔、二氧化碳停用后,应将皮带拿出舱室外,并卸下焊、割器具
12		物的因素	可燃气体分配器有破损,未设置泄压、回火防止器	触电、火灾、爆炸			作业部门应做好日常安全检查,确保可燃气体集配器完好,泄压、回火装置良好
13			各种可燃气体软管颜色混用;使用泄漏、烧坏、磨损、老化或有其他缺陷的软管	触电、火灾、爆炸			作业部门应做好日常安全检查,确保各种可燃气体软管颜色未混用,并完好无损
14		环境因素	作业现场周围存在易燃易爆物品或存在与切割作业相抵触的作业,且未采取安全控制措施即实施作业	火灾、爆炸			1 作业部门应加强切割作业现场安全管理; 2 教育培训管理部门及作业部门应加强日常安全教育,严格要求职工自觉遵守各项规章制度、操作规程; 3 现场作业主管加强日常安全监管

表24(续2)

序号	作业活动	安全风险因素	安全风险原因	安全风险危害	安全风险分析方法	安全风险等级	管控措施
15	切割作业	环境因素	登高切割作业点火星所及范围未设置警戒区或未清除易燃易爆物品	火灾、爆炸			作业部门应加强现场作业安全管理，对登高切割作业点火星所及范围内设置警戒区，并清除易燃易爆物品
16			1　雨天在露天进行切割作业； 2　在潮湿地带工作时未穿好绝缘鞋、铺好绝缘垫	触电			1　管理部门应加强现场安全管理，禁止雨天在露天进行切割作业； 2　潮湿地带进行切割作业应做好防护措施
17			通风、排风设施设置不足，人员进入船舱作业前，未进行有效的通风换气	火灾、爆炸、窒息			1　设备部门应为现场设置足够的通风、排风设施； 2　管理部门应加强现场安全管理，人员进入船舱作业前，应进行有效的通风换气
18			进入自然通风换气效果不好的舱室或封闭时间较长的舱室（如空舱、水舱、锚链舱、边舱、双层底、油舱和浮筒舱等）未采用机械通风	火灾、爆炸、窒息			作业部门应加强现场作业安全管理，进入自然通风换气效果不好的舱室或封闭时间较长的舱室应采用机械通风
19			舱室内切割作业照明亮度不足	高处坠落、物体打击			作业部门应加强现场作业安全管理，为舱室内切割作业配备充足照明设备
20		管理因素	1　作业现场未见切割作业安全操作规程； 2　切割作业安全操作规程有不符合法律法规、标准规范要求	触电、火灾、爆炸、物体打击、高处坠落、职业性尘肺病及其他呼吸系统疾病、职业性耳鼻喉口腔疾病、职业性眼疾、其他伤害			1　作业部门应制定符合法律法规、标准规范要求的操作规程，并在现场张贴； 2　作业人员应加强安全操作规程学习，严格按照操作规程进行作业

表 24(续 3)

序号	作业活动	安全风险因素	安全风险原因	安全风险危害	安全风险分析方法	安全风险等级	管控措施
21	切割作业	管理因素	未办理危险作业审批许可手续或作业许可未闭环管理;作业审批单已过批准时限或超出动火范围动火	火灾、爆炸、窒息			1 作业部门应加强现场作业安全管理,作业人员应办理危险作业审批许可手续,并确保危险作业闭环管理; 2 作业人员应提高安全意识,确保危险作业审批单在动火时限和动火范围内
22			Ⅱ级切割作业未派专人现场监护或作业现场无人监护	火灾、爆炸、窒息			作业部门应加强切割作业现场安全管理,Ⅱ级切割作业必须派专人现场监护,并且监护人员不能擅自离岗
23			作业现场防火措施落实不到位,未配备消防器材或消防器材配备不足	火灾、爆炸			作业部门应加强现场作业安全管理,严格落实作业现场防火措施,并配备足量的消防器材
24		粉尘	舱室内明火作业过程中产生的粉尘浓度超标	职业性尘肺病及其他呼吸系统疾病			1 设备管理部门应采购更先进的明火作业设备、通风设备; 2 作业人员应提高安全意识,在作业过程中按要求穿戴好劳防用品
25		物理因素	舱室明火作业过程中生的大量红外线、紫外线和可见光	职业性眼疾(电光性眼炎、光辐射)			1 设备管理部门应采购更先进的明火作业设备; 2 作业人员应提高全意识,在作业过程中按要求穿戴好劳防用品
26			舱室内明火作业过程中噪声超标	职业性耳聋			1 设备管理部门应采购更先进的明火作业设备; 2 作业人员应提高安全意识,在作业过程中按要求穿戴好劳防用品

表24(续4)

序号	作业活动	安全风险因素	安全风险原因	安全风险危害	安全风险分析方法	安全风险等级	管控措施
27	切割作业	物理因素	高温天气在室外进行切割作业	中暑			管理部门应加强现场安全管理,高温天气进行切割作业应做好防护措施
28			舱室内高温	中暑			1　作业部门应避免安排高温天气进行舱室施工作业; 2　作业人员应提高安全意识,高温天气做好个人防护工作

表 25　打磨作业安全风险因素清单

序号	作业活动	安全风险因素	安全风险原因	安全风险危害	安全风险分析方法	安全风险等级	管控措施
1	打磨作业	人的因素	1　作业人员未持证上岗或证书已过期； 2　作业人员存在职业禁忌证	触电、火灾、爆炸、物体打击、高处坠落、职业性尘肺病及其他呼吸系统疾病、职业性耳鼻喉口腔疾病、职业性眼疾、其他伤害			教育培训管理部门应组织切割作业人员参加特种作业人员培训，并确保特种作业人员操作证有效
2			现场作业人员未穿戴劳防用品或劳防用品穿戴不规范	触电、物体打击、高处坠落、职业性尘肺病及其他呼吸系统疾病、职业性耳鼻喉口腔疾病、职业性眼疾、其他伤害			1　管理部门应为员工配备符合标准要求的劳防用品； 2　作业人员应提高安全意识，现场作业必须按要求穿戴劳防用品； 3　作业主管应加强日常监管
3			作业人员作业时佩戴金属饰物	触电			作业部门应加强现场安全管理，禁止作业人员佩戴金属饰物
4			作业前未检查工具、设备的完好性	触电、火灾、爆炸			1　作业人员应提高安全意识，作业前主动对工具、设备进行日常安全检查； 2　作业主管应加强日常监管，督促作业人员作业前进行工具、设备检查
5			将电焊皮带缠在身上进行登高作业	高处坠落			教育培训管理部门应加强对作业人员安全意识培训，杜绝此类事件发生
6			在脚手板上垫木箱、凳子等进行作业	其他伤害			教育培训管理部门应加强对作业人员安全意识培训，杜绝此类事件发生
7			1　暂停作业时未将焊条从焊钳上取下； 2　更换电焊条时直接用手拿电焊条；	触电、火灾、爆炸			教育培训管理部门应加强对作业人员安全意识培训，杜绝此类事件发生

表 25(续 1)

序号	作业活动	安全风险因素	安全风险原因	安全风险危害	安全风险分析方法	安全风险等级	管控措施
8	打磨作业	人的因素	切割工具未妥善保管，随地乱扔乱丢	其他伤害			管理部门应加强作业现场 5S 管理，严禁乱扔软丢作业工具
9			1　舱室涂装作业完成后，未进行测爆，便进场进行切割作业； 2　在涂装作业警戒区域内以及有禁火标志的区域内进行切割作业	火灾、爆炸			1　作业部门应加强现场安全管理； 2　作业人员应提高安全意识，涂装作业完成后，经过测爆方能进行切割作业
10							
11			1　作业后工具未关闭电源、气源、风源； 2　未清除火种、未清点人数	触电、火灾、爆炸			作业部门应加强现场作业安全管理，作业后必须关闭电源，清点人数
12			氧气、乙炔、二氧化碳停用后，未将皮带拿出舱室外，并未卸下焊、割器具	火灾、爆炸			作业部门应加强切割作业现场安全管理，氧气、乙炔、二氧化碳停用后，应将皮带拿出舱室外，并卸下焊、割器具
13		物的因素					
14			焊机外壳保护线(PE 线)接线连接不可靠	触电、火灾、爆炸			作业部门应应做好日常安全检查，确保焊机外壳保护线(PE 线)接线可靠
15							
16			电源线、切割电缆与焊机连接处无可靠屏护	触电、火灾、爆炸			作业部门应做好日常安全检查，确保电源线、切割电缆与焊机连接处屏护可靠
17			焊机一次侧电源线长度超过 3m，并有接头，且拖地或跨越通道使用	触电、火灾、爆炸			作业部门应做好日常安全检查，焊机一次侧电源线长度不超过 3 m，并无接头，且未拖地或跨越通道使用
18			焊钳夹紧力不好，绝缘不可靠，隔热层损坏	触电、火灾、爆炸			作业部门应做好日常安全检查，确保焊钳夹力良好，绝缘可靠，隔热层完好无损
19			可燃气体分配器有破损，未设置泄压、回火防止器	触电、火灾、爆炸			作业部门应做好日常安全检查，确保可燃气体集配器完好，泄压、回火装置良好

表25(续2)

序号	作业活动	安全风险因素	安全风险原因	安全风险危害	安全风险分析方法	安全风险等级	管控措施
20	打磨作业	物的因素	各种可燃气体软管颜色混用;使用泄漏、烧坏、磨损、老化或有其他缺陷的软管	触电、火灾、爆炸			作业部门应做好日常安全检查,确保各种可燃气体软管颜色未混用,并完好无损
21		环境因素	作业现场周围存在易燃易爆物品,或存在与切割作业相抵触的作业,且未采取安全控制措施即实施作业	火灾、爆炸			1 作业部门应加强切割作业现场安全管理; 2 教育培训管理部门及作业部门应加强日常安全教育,严格要求职工自觉遵守各项规章制度、操作规程; 3 现场作业主管加强日常安全监管
22			登高切割作业点火星所及范围未设置警戒区或未清除易燃易爆物品	火灾、爆炸			作业部门应加强现场作业安全管理,对登高切割作业点火星所及范围内设置警戒区,并清除易燃易爆物品
23			1 雨天在露天进行切割作业; 2 在潮湿地带工作时未穿好绝缘鞋、铺好绝缘垫	触电			1 管理部门应加强现场安全管理,禁止雨天在露天进行切割作业; 2 潮湿地带进行切割作业应做好防护措施
24			通风、排风设施设置不足,人员进入船舱作业前,未进行有效的通风换气	火灾、爆炸、窒息			1 设备部门应为现场设置足够的通风、排风设施; 2 加强现场安全管理,作业人员进入船舱作业前,应进行有效的通风换气
25			进入自然通风换气效果不好的舱室或封闭时间较长的舱室(如空舱、水舱、锚链舱、边舱、双层底、油舱和浮筒舱等)未采用机械通风	火灾、爆炸、窒息			作业部门应加强现场作业安全管理,进入自然通风换气效果不好的舱室或封闭时间较长的舱室应采用机械通风

表 25(续 3)

序号	作业活动	安全风险因素	安全风险原因	安全风险危害	安全风险分析方法	安全风险等级	管控措施
26	打磨作业	环境因素	舱室内切割作业照明亮度不足	高处坠落、物体打击			作业部门应加强现场作业安全管理，为舱室内切割作业配备充足照明设备
27		管理因素	1　作业现场未见切割作业安全操作规程； 2　切割作业安全操作规程有不符合法律法规、标准规范要求	触电、火灾、爆炸、物体打击、高处坠落、职业性尘肺病及其他呼吸系统疾病、职业性耳鼻喉口腔疾病、职业性眼疾、其他伤害			1　作业部门应制定符合法律法规、标准规范要求的操作规程，并张贴在现场； 2　作业人员应当加强安全操作规程学习，严格按照操作规程进行作业
28 29			未办理危险作业审批许可手续或作业许可未闭环管理；作业审批单已过批准时限或超出动火范围动火	火灾、爆炸、窒息			1　作业部门应加强现场作业安全管理，作业人员应办理危险作业审批许可手续，并确保危险作业闭环管理； 2　作业人员应提高安全意识，确保危险作业审批单在动火时限和动火范围内
30			Ⅱ级切割作业未派专人现场监护或作业现场无人监护	火灾、爆炸、窒息			作业部门应加强切割作业现场安全管理，Ⅱ级切割作业必须派专人现场监护，并且监护人员不能擅自离岗
31			作业现场防火措施落实不到位，未配备消防器材或消防器材配备不足	火灾、爆炸			作业部门应加强现场作业安全管理，严格落实作业现场防火措施，并配备足量的消防器材
32		环境因素	舱室内明火作业过程中产生的粉尘浓度超标	职业性尘肺病及其他呼吸系统疾病			1　设备管理部门应采购更先进的明火作业设备、通风设备； 2　作业人员应提高安全意识，在作业过程中按要求穿戴好劳防用品

表25(续4)

序号	作业活动	安全风险因素	安全风险原因	安全风险危害	安全风险分析方法	安全风险等级	管控措施
33	打磨作业	物理因素	舱室明火作业过程中生的大量红外线、紫外线和可见光	职业性眼疾(电光性眼炎、光辐射)			1　设备管理部门应采购更先进的明火作业设备; 2　作业人员应提高全意识,在作业过程中按要求穿戴好劳防用品
34			舱室内明火作业过程中噪声超标	职业性耳聋			1　设备管理部门应采购更先进的明火作业设备; 2　作业人员应提高安全意识,在作业过程中按要求穿戴好劳防用品
35			高温天气在室外进行切割作业	中暑			管理部门应加强现场安全管理,高温天气进行切割作业应做好防护措施
36			舱室内高温	中暑			1　作业部门应避免安排高温天气进行舱室施工作业; 2　作业人员应提高安全意识,高温天气做好个人防护工作

表26 临时用电作业安全风险因素清单

序号	作业活动	安全风险因素	安全风险原因	安全风险危害	安全风险分析方法	安全风险等级	管控措施
1	临时用电作业	人的因素	作业人员未持证上岗或证书已过期	触电、火灾			教育培训管理部门应组织临时用电作业人员参加特种作业人员培训，并确保特种作业人员证有效
2			现场作业人员未穿戴劳防用品或劳防用品穿戴不规范	触电、高处坠落、物体打击			1　管理部门为员工配备符合标准要求的劳防用品； 2　作业人员应提高安全意识，现场作业必须按要求穿戴劳防用品； 3　作业主管加强日常监管
3			非专业电工进行临时用电作业	触电			作业部门应加强日常安全监管，禁止非专业电工进行临时用电作业
4		物的因素	1　临时线接装的开关、电动机、设备等金属外壳应未接地或接零保护； 2　使用期间线路损坏，绝缘不良； 3　悬空架设或沿墙敷设，使用金属线绑扎	触电			作业部门应加强临时用电作业相关设备的日常检查，确保均处在正常状态
5		环境因素	舱室内照明亮度不足	触电、高处坠落、物体打击			舱室内临时用电作业应配备充足照明设备
6			临时用电作业现场潮湿，存在水渍	触电			作业部门应加强日常安全管理，保证临时用电作业现场干燥
7			舱室内通风不良	火灾、爆炸、窒息			1　设备部门应为现场设置足够的通风、排风设施； 2　管理部门应加强现场安全管理，人员进入船舱作业前，进行有效的通风换气

表 26(续)

序号	作业活动	安全风险因素	安全风险原因	安全风险危害	安全风险分析方法	安全风险等级	管控措施
8	临时用电作业	管理因素	1 未办理危险作业审批许可手续或作业许可未闭环管理; 2 临时用电作业审批单已过期(一般为 15 天),未重新审批	触电、火灾			1 管理部门应加强临时用电作业现场安全管理; 2 必须严格临时用电作业审批手续,并采取有效防范措施; 3 教育培训管理部门及作业部门应加强日常安全教育; 4 现场班组应加强日常施工管理; 5 作业主管应加强日常监管
9			船上设置的临时用电线路的接线盒无明显警示标志、无防雨措施	触电			作业部门应加强现场安全管理,在船上临时用电线路的接线盒设置警示标志和防雨措施
10			使用期限结束,未及时拆除临时用电设备	触电、火灾			作业部门应加强现场安全管理,确保使用期限结束后,及时拆除临时用电设备
11		物理因素	舱室内高温	中暑			1 作业部门应避免安排高温天气进行舱室施工作业; 2 作业人员应加强安全意识,高温天气做好个人防护工作

表 27　接岸电作业安全风险因素清单

序号	作业活动	安全风险因素	安全风险原因	安全风险危害	安全风险分析方法	安全风险等级	管控措施
1	接岸电作业	人的因素	作业人员未按规定穿戴劳防用品	触电、淹溺等			接岸电作业前应戴好绝缘手头和必要的劳防用品，企业应为接岸电作业人员配备必要的劳防用品
2			作业人员未经体检上岗或有职业禁忌证	触电、淹溺等			电工作业人员应经医生鉴定没有妨碍电工作业的病证，并应具备用电安全、触电急救和专业技术知识及实践经验
3			作业人员未取得电工作业资格证书	触电等			接岸电作业人员上岗前，应取得相应的资格证书，证书到期前及时复训
4			无关人员进行配送电操作	触电等			除专门值守人员外，其他人员不得开启配送开关进行配送的操作
5			主配电板值班电工未按规定履行管理职责	触电等			主配电板值班电工应遵守以下职责： 1　值班电工应认真执行一、二级配送电工作票制度。按规定时间依次轮值交接。交接时必须将当班的工作票、记录本一并按值移交。 2　如已到交班时间，而接班人员未到，须留在班上继续工作。在接班人员未到前不得擅离岗位。 3　值班电工交接班时，须做到“五清”“二交接”。五清：看清、讲清、问清、查清、点清。二交接：现场交接、实物交接。 4　经双方交接认为无差错，应在记录本上依次签名。交接班记录必须认真、端正填写，记录完整、清楚。 5　在配送电中，如遇到要求送电设备是首次送电，值班人员应询问是否做好分电箱或设备检查与警告标志落实，以示提醒。 6　在每天下班前应对仍在送电的各分电箱核查是否还在调试，如调试确已结束，但未通知断电时应当切断电源

表27(续1)

序号	作业活动	安全风险因素	安全风险原因	安全风险危害	安全风险分析方法	安全风险等级	管控措施
6	接岸电作业	人的因素	配送电时进行电气维修	触电等			严禁带电打开配电板箱门,如需检查维修必须通过集控室值班人员断电后操作,并落实监护人,避免误送电
7		物的因素	配电箱、配电柜等接地装置不良;电气装置的绝缘或外壳破损等	触电等			作业前,检查配电箱、配电柜等接地装置,确保完好有效。插头与插座应按规定正确接线,插座的保护接地极在任何情况下都必须单独与保护线可靠连接。严禁在插头(座)内将保护接地极与工作中性线连接在一起。所有电气设备不带电的金属外壳必须可靠接地
8			电气线路绝缘老化等	触电			用的电气线路须具有足够的绝缘强度、机械强度和导电能力并应定期检查。禁止使用绝缘老化或失去绝缘性能的电气线路
9		环境因素	暴风雨、大雾、大风等恶劣天气	触电、淹溺等			遇到暴风雨、浓雾、6级及以上大风等恶劣天气时,作业人员应停止接岸电作业,露天设备断电并进行保护
10			电气设备或线路周围堆放易燃易爆物品	火灾、爆炸等			用电设备和电气线路的周围应留有足够的安全通道和工作空间。电气装置附近不应堆放易燃、易爆和腐蚀性物品。禁止在架空线上放置或悬挂物品
11		管理因素	未制定接岸电作业安全管理规定和安全操作规程	触电、淹溺等			管理部门应制定接岸电作业安全管理规定和安全操作规程,并组织培训
12			主配电板首次配送电前未召开工前协调会	触电等			主配电板的配送电管理应由调试管理部门负责,首次送电前生产运行管理部门按节点进行通知,按照要求由机装调试管理部门组织召开工前协调会,落实相关人员工作职责及安全要求

表 27(续 2)

序号	作业活动	安全风险因素	安全风险原因	安全风险危害	安全风险分析方法	安全风险等级	管控措施
13	接岸电作业	人的管理因素	配送电未履行申请审批手续	触电等			配电板安装结束,需要配送电时,应由机装调试管理部门调试项目负责人,向设备管理部门提出配送电申请。申请由生产作业长签字确认后,经建造师审核同意,设备管理部门现场核准,方可将额定电压配送至船舶主配电板。生产管理部门必须对配送时间、地点、部位、人员等内容,做到有登记记录
14			集控室未安排专人值守	触电等			主配电板受电后的集控室,机装调试部必须派出值班电工,实行每天 24 h 的值守,认真落实值班职责,负责做好配送电和集控室管理工作
15			分配电箱配送电前未进行安全检查	触电等			任何需要配送电的分电箱(含用电设备),应由该设备电工班组长及以上管理人员填写《通电后的设备、主配电板清洁检修安全检查确认审批单》,经机装调试部调试项目负责人核准,并通知集控室值班电工,由值班电工视配电板负荷情况进行供电,同时做好供电时间、供电部位及设备、用电设备负责人的登记记录;凡分电箱以后各级电箱的配送电申请,均按上述程序办理手续。
16			未设置高压危险等警示标志和警戒区域	触电等			通电的主配电板设置好高压危险安全用电警示标志和警戒绳;配电板通电后集控室门口设置无关人员不准入内的告示牌;对已配送电的分电箱设备,设备负责人应当在设备上设置“设备已通电”的警示标志
17			集控室打磨、涂装作业与接岸电作业交叉进行	火灾、爆炸等			集控室打磨、涂装前应断电,安全状态应由生运部负责组织相关部门进行确认,涂装部接生运部通知后方可作业

表 28　高温作业安全风险因素清单

序号	作业活动	安全风险因素	安全风险原因	安全风险危害	安全风险分析方法	安全风险等级	管控措施
1	高温作业	人的因素	作业人员未按规定穿戴劳防用品	机械伤害、物体打击、中暑等职业病危害等			高温条件下,作业人员应按规定穿戴工作服、工作鞋,口罩等防护用品,不可因为天气热而违反劳防用品穿戴规定
2			未对作业人员进行体检或作业人员患有高温禁忌证	中暑等职业病危害			高温季节来临前,管理部门应组织从事高温作业人员进行职业健康体检,严禁高温禁忌证人员从事高温作业
3			作业人员作业时间过长或正午高温时段作业	中毒等职业病危害			合理安排作业时间,尽量将作业时间安排在清晨和黄昏时段,应避免正午高温时段,采用轮班分工方式,避免长时间高温作业
4		环境因素	气温达到 40 ℃及以上	中暑等职业病危害			日最高气温达到 40 ℃及以上,应停止当日室外露天作业
5			作业环境通风不畅	中暑等职业病危害			高温期间应采取通风降温措施,实时掌握作业环境的条件,作业人员身体出现不良反应时,应立即停止作业
6		管理因素	未制定高温作业安全管理规定等	中暑等职业病危害			制定高温作业安全管理规定,并组织培训教育
7			未根据气象局发布的高温预警,安排高温期间的生产计划	中暑等职业病危害			应根据高温预警,合理安全生产计划,落实各项安全措施,并通知相关部门
8			未对高温作业进行审批	中暑等职业病危害			高温作业应履行审批手续,生产管理部门对高温作业过程进行管理和监督
9			未制订应急处置方案	中暑等职业病危害			制订中暑应急处置方案,当发现作业人员出现中暑症状时,应迅速将人员带离高温环境,喂服一些淡盐水或盐汽水,采取物理降温,解开衣物,用湿毛巾擦拭,并送往医院

表 28(续)

序号	作业活动	安全风险因素	安全风险原因	安全风险危害	安全风险分析方法	安全风险等级	管控措施
10	高温作业	管理因素	未准备防暑降温用品	中暑等职业病危害			高温天气管理部门应提供酸梅汤、绿豆汤、金银花等清暑解毒用品
11			未采取降温措施	中暑等职业病危害			1　机械通风或空调降温； 2　提供防暑降温饮料及风油精、藿香正气水、人丹等，适当增加休息时间

表 29　高处作业安全风险因素清单

序号	作业活动	安全风险因素	安全风险原因	安全风险危害	安全风险分析方法	安全风险等级	管控措施
1	高处作业	人的因素	作业人员患有高处作业禁忌证	高处坠落			人事部门应做好人员招聘过程的体检及调查摸底工作
2			现场作业人员未穿戴劳防用品或劳防用品穿戴不规范	高处坠落、物体打击			1　管理部门应为员工配备符合标准要求的劳防用品； 2　作业人员应提高安全意识,现场作业必须按要求穿戴劳防用品； 3　作业主管应加强日常监管
3			作业人员未遵守“六个不准”“十不登高”	高处坠落、物体打击			1　教育培训管理部门及作业部门应加强日常安全教育； 2　现场作业人员应加强日常安全学习,增强安全意识； 3　作业主管应加强日常监管
4		物的因素	高处作业现场有沙子、油污、润滑脂等易滑物	高处坠落			作业部门应加强现场安全管理,确保高处作业现场无易滑物
5			1　梯子上端未突出登高处 600 mm 以上； 2　梯子未绑扎牢固； 3　梯子下端未采取防滑措施	高处坠落			作业部门应加强现场安全管理,确保高处作业使用的梯子符合要求
6			1　现场使用的安全网不是《阻燃安全网》(CB/T 3749 - 2015)规定的阻燃安全网； 2　安全网损坏或腐朽	高处坠落			作业部门应加强现场安全管理,确保安全网拉设符合要求
7		环境因素	高处作业现场照明照度不符合《船舶修造企业高处作业安全规程》(CB 3785 - 2013)的相关要求	高处坠落、物体打击			舱室内高处作业应配备充足照明设备

表 29(续)

序号	作业活动	安全风险因素	安全风险原因	安全风险危害	安全风险分析方法	安全风险等级	管控措施
8	高处作业	环境因素	舱室内通风不良	火灾、爆炸、窒息			1　设备部门应为现场设置足够的通风、排风设施； 2　加强现场安全管理,人员进入船舱作业前,进行有效的通风换气
9		管理因素	1　《高处作业分级》(CB/T 3608－2008)规定的Ⅲ级及以上高处作业(悬空、舷边临空或临水)未办理危险作业审批许可手续或作业审批许可手续未闭环； 2　审批单已过批准时限,或超出作业范围	高处坠落、物体打击			1　管理部门应办理危险作业审批许可手续,并确保危险作业闭环管理； 2　确保危险作业审批单在高处作业时限和范围内
10			高处作业安全设施未执行“四个必有”:有洞必有盖、有边必有栏、洞边无盖无栏必有网、电梯口必有门联锁	高处坠落			作业部门应加强现场安全管理,确保高处作业安全设施执行“四个必有”
11			立体交叉作业时,未明确各有关作业人员的职责	高处坠落、物体打击			各作业部门应加强现场安全协同管理,确保立体交叉作业时,明确各有关作业人员的职责
12		物理因素	舱室内高温	中暑			1　作业部门应避免安排高温天气进行舱室施工作业； 2　作业人员应加强安全意识,高温天气做好个人防护工作

表 30　高空作业车作业安全风险因素清单

序号	作业活动	安全风险因素	安全风险原因	安全风险危害	安全风险分析方法	安全风险等级	管控措施
1	高空作业车作业	人的因素	高空作业车作业人员未按规定穿戴劳防用品	高处坠落、触电、物体打击、机械伤害等			管理部门应为作业人员配备充足的劳防用品,并组织培训正确穿戴,系好安全带,临水作业要穿救生衣
2			高空作业车操作人员不符合要求、患有职业禁忌证等	高处坠落等			高空作业车操作人员应年满 18 周岁,具有初中或以上文化程度,并经体检合格,患有高血压、心脏病、精神疾病、癫痫、美尼尔氏综合征等禁忌证者严禁操作高空作业车
3			高空车作业人员未取得操作资格证	高处坠落等			高空作业车操作人员上岗前,人事部门应组织其参加培训,取得资格证书,证书到期及时组织参加复训
4		物的因素	高空作业车轮胎磨损严重	高处坠落等			使用高空作业车前应检查轮胎的状况,确保完好有效
5			各连接机构、液压软管、接头、液压元件、伸缩臂等破损、故障	高处坠落等			使用高空作业车前应检查各连接机构
6			燃油箱、水箱、液压油箱漏液等	火灾、爆炸、高处坠落等			作业前,应对燃油箱、水箱、液压箱进行检查,空负荷运转 3 ~ 5 min,检查发动机运转,优雅、油温是否正常,是否漏油、漏水等,确保完好无损方可进行作业
7			电气部件、接线、电缆破损等	触电、高处坠落等			作业前,应对电气部件等进行检查,确保绝缘有效
8			脚踏开关、紧急停机按钮、报警器失灵等	高处坠落等			作业前应试运行,检查脚踏开关、紧急按钮、报警器,确保灵敏可靠

表30(续1)

序号	作业活动	安全风险因素	安全风险原因	安全风险危害	安全风险分析方法	安全风险等级	管控措施
9	高空作业车作业	物的因素	船坞、大舱边缘开展伸臂作业时,车身质量不够	高处坠落等			增加车身配重,防止高空作业车倾覆
10			高空作业车使用充气轮胎	高处坠落等			高空作业车不应使用充气轮胎,防止砸破导致倾覆
11			作业平台保险杠缺失或失效	高处坠落等			高空作业车作业平台应加装限位保险杠,作业平台底部至限位保险杠顶部高度应不小于1 900 mm,工作平台与主臂除正常连接装置外,应增加保险装置,防止工作脱落
12		环境因素	高空作业车作业区域附近有障碍物阻碍作业车的行进和转动、伸缩等	高处坠落、物体打击等			作业前,对作业区域范围内进行清理,确保高空作业车能正常作业
13			暴风雨、大雾、闪电等恶劣天气条件	高处坠落、物体打击、触电等			6级及以上大风,浓雾等影响环境视线,暴风雨等恶劣天气条件时,作业人员应停止作业,收拢悬臂,将车辆固定
14			行进道路的坡度大于3°,地面不平整等	物体打击、高处坠落等			在角度大于3°的倾斜道路和不平坦的地面上以及移动车辆上,不应提升悬臂及使用;在倾斜路面行车,应收回悬臂,保持合适高度,作业平台要与鞋面保持一致方向
15		管理因素	未制定高空作业车作业安全操作规程和管理规定	高处坠落等			管理部门应制定高空作业车作业安全操作规定和安全管理规定,并组织培训
16			设备管理部门未组织制订高空作业车一级、二级保养计划和大修计划	高处坠落等			高空作业车归口管理部门应制订并组织实施高空作业车一级、二级保养计划和大修计划,监督检查高空作业车的使用状况,定期开展组织检查考评,对高空作业车的完好性负责

表30(续2)

序号	作业活动	安全风险因素	安全风险原因	安全风险危害	安全风险分析方法	安全风险等级	管控措施
17	高空作业车作业	人的管理因素	高空作业车使用部门未按规定对高空作业车进行检查和维护保养等	高处坠落等			高空作业车使用部门应根据高空作业车的管理规定和设备技术要求,督促操作人员按规定对高空作业车进行检查和维护保养,制订高空作业车的日常维护保养及修理计划。根据高空作业车机械、液压、电气等系统的性能特点、状态,结合作业环境和作业要求,合理安排高空作业车作业,督促并指导操作人员按高空作业车操作规程操作
18			高空作业车进行焊接作业时,将高空作业车用作地线	触电、高处坠落等			在高空作业车进行焊接等电动工具作业时,不应将高空作业车作为地线
19			用车结束后未按要求停放和做好交接	物体打击、机械伤害、高处坠落等			每班用车结束后,应按规定将高空作业车停放到安全区域,将有关部件运行至安全位置,并做好运行和交接班记录
20			超载或超负荷作业	高处坠落等			作业平台上人员和施工设备的总质量不应超过平台的最大安全承载符合,施工作业时平台上人员不应超过两人,作业平台超载时停止作业

表31 高处作业吊篮作业安全风险因素清单

序号	作业活动	安全风险因素	安全风险原因	安全风险危害	安全风险分析方法	安全风险等级	管控措施
1	高处作业吊篮作业	人的因素	高处作业吊篮作业人员未按规定穿戴劳防用品	物体打击、机械伤害、高处坠落等			管理部门应为高处作业吊篮作业人员配备充足的劳防用品，组织培训正确穿戴，作业时系好安全带
2			作业人员未取得资格证书或证书过期	高处坠落等			高处作业吊篮作业人员应经过专业机构培训并取得特种作业人员证书，证书到期后，人事部门应组织复训
3			在吊篮内使用脚手架和梯子	高处坠落等			高处吊篮作业时，禁止在吊篮内使用脚手架和梯子
4			吊篮平台作业人数数量不满足要求	高处坠落等			吊篮作业平台至少应有两人操作
5		物的因素	钢丝绳、悬挂机架、工作平台、限位开关、防倾锁的靠轮、手刹等装置失灵	高处坠落、物体打击等			1 作业前，应检查钢丝绳上的绳夹、装夹是否符合要求，螺母是否旋紧； 2 悬挂机架、工作平台各部件的连接点是否牢固可靠； 3 钢丝绳的磨损、断丝、腐蚀情况、是否有油污； 4 限位开关是否有效； 5 防倾锁的靠轮是否随提升钢丝绳灵活转动，制动器及手刹装置工作是否正常等
6			电源开关漏电，指示灯异常等	高处坠落、触电等			作业前，应检查电源接点，合上漏电开关，确保指示灯正常工作，将工作平台调整至水平位置
7			作业时吊篮发生倾斜	高处坠落、物体打击等			当吊篮发生倾斜时，应立即停止作业，将吊篮调整至水平状态，确认安全后恢复作业
8			停电或突然断电	高处坠落等			遇到突然断电时，应先关闭电源，按下手刹装置手柄、刹住平台，缓慢松开手刹，让吊篮平台安全平稳降至所需位置

表 31(续)

序号	作业活动	安全风险因素	安全风险原因	安全风险危害	安全风险分析方法	安全风险等级	管控措施
9	高处作业吊篮作业	物的因素	雷雨、冰雹、大雾、大风等恶劣天气条件	物体打击、高处坠落等			遇到 6 级大风、浓雾、雨雪冰雹等恶劣天气时,作业人员应停止作业
10		环境因素	高处作业吊篮作业时,工作平台上工件、物件乱扔乱放	物体打击等			吊篮作业时,禁止随意乱扔工件、物件
11		管理因素	未制定高处作业吊篮作业安全操作规程和安全管理规定	物体打击、机械伤害、高处坠落			管理部门应制定高处作业吊篮作业安全操作规程和安全管理规定,并组织培训教育
12			未对吊篮技术资料归档,未制订吊篮的维修和保养计划,未对吊篮的日常管理、使用、维护保养进行监督、检查	物体打击、机械伤害、高处坠落等			生产保障部门负责船用吊篮技术资料的归档,制订并组织实施吊篮的维修和保养计划,对吊篮的日常管理、使用、维护保养进行监督检查
13			将吊篮用作井架及其他运输用途	物体打击等			船用吊篮禁止用作井架及其他运输用途
14			同一轨道内同时悬挂两台船用吊篮	物体打击、高处坠落等			同一轨道内禁止同时悬挂两台吊篮
15			吊篮工作平台超负荷载重	高处坠落、物体打击等			吊篮载重量包括人体质量,不应超过额定载荷(400 kg)
16			吊篮作业结束后,吊篮随意搁置	物体打击等			吊篮作业结束后,应将吊篮放置在坚固的地面或架子上,清理工作平台,将多余物品及工器具放回指定位置,做好交接记录

表 32　高压水除锈作业安全风险因素清单

序号	作业活动	安全风险因素	安全风险原因	安全风险危害	安全风险分析方法	安全风险等级	管控措施
1	高压水除锈作业	人的因素	作业人员健康状况不符合要求	高处坠落、物体打击等			高压水除锈作业人员上岗前应体检合格，有职业禁忌证者禁止从事高压水除锈作业
2			作业人员未经培训上岗	高处坠落、物体打击等			作业人员上岗前需接受本工种安全知识培训和三级安全教育培训
3			作业人员未按要求穿戴劳防用品，未按规定使用安全带	高处坠落、物体打击等			管理部门应为作业人员配备充足的劳防用品，高压水除锈枪手、拉管工应穿戴雨衣、手套、防滑胶鞋、面罩、安全带等劳防用品
4			电动泵启动后，水枪升压过猛，超压工作等	高处坠落、物体打击等			电动泵启动后，主泵启动必须缓慢升压，开泵人应与冲水操作人员配合，做好降压、升压工作，禁止超压使用，操作人员不得擅自离开工作岗位
5			除锈作业时，无关人员进入	物体打击等			作业人员除锈作业时，严禁水枪枪口对人，无关人员不得进入作业区域，持枪人员周围 3 m 内不允许他人进入
6			用保险丝或铁丝绑扎水枪扳机，使其处于常开状态	物体打击等			严禁将高压水枪的扳机用保险丝或铁丝固定使水枪处于常开状态，临时停枪必须将水枪的扳机保险拨到锁定位置
7			水枪故障后未停机泄压进行修理	物体打击等			水枪发生故障时，作业人员应先停机泄压，后将水枪保险锁定再进行检查维修，严禁带压拆卸任何部件
8		物的因素	除锈水枪、安全附件、照明设施、脚手架等故障或损坏	高处坠落、物体打击等			作业人员除锈作业前，应检查确认使用的工具、安全附件、照明设施、脚手架等完好有效

表32(续)

序号	作业活动	安全风险因素	安全风险原因	安全风险危害	安全风险分析方法	安全风险等级	管控措施
9	高压水除锈作业	物的因素	高压水管被划破	物体打击等			高压水管在使用时所经过的每个转角都应套上防磨损胶管护套,水枪与水管连接处也必须有护套、保险
10		环境因素	作业现场及周围有障碍物未清理干净	物体打击等			作业人员进行除锈冲压前,管理部门应检查周围作业环境,及时清除障碍物,确认一切正常,由专人负责通知开泵
11		管理因素	未制定高压水除锈作业安全操作规程	高处坠落、物体打击等			管理人员应制定高压水除锈作业安全操作规程,并对作业人员进行培训
12			作业时,高压水电动泵无人看管	物体打击等			高压水电动泵应指定专人负责操作,操作前,应认真检查机械传动、润滑系统及各安全阀,确保完好可靠
13			作业完毕后,水枪乱扔乱放	物体打击等			作业人员作业完毕后,应将喷枪和皮带放在指定地点,喷枪出水口切勿闷住,及时清理现场,保持整洁干净
14			未制订事故应急处置方案	高处坠落、物体打击等			管理部门应制订指定事故应急处置方案,发生事故后,应立即报告,采取现场处置措施

表 33　坞壁作业车作业安全风险因素清单

序号	作业活动	安全风险因素	安全风险原因	安全风险危害	安全风险分析方法	安全风险等级	管控措施
1	坞壁作业车作业	人的因素	坞壁作业车作业人员未经职业健康体检	触电、高处坠落、物体打击、职业病危害等			管理部门应对坞壁作业车作业人员进行上岗前体检，有职业禁忌证者禁止从事坞壁作业车作业
2			坞壁作业车作业人员未持证上岗	高处坠落、物体打击、触电、职业病危害等			坞壁作业车作业作为特种作业，作业人员应取得专业技术资格证书，证书到期后及时复训
3			坞壁作业车作业人员未按规定穿戴劳防用品	高处坠落、物体打击、触电、职业病危害等			坞壁作业车作业人员应规范穿戴工作服、复式防尘口罩、耳塞、手套，涉及驾驶与修理坞壁作业时还需佩戴安全带
4			作业车驾驶人员和斗内工作人员未统一指挥，协同作业	高处坠落、物体打击等			驾驶人员应谨慎操作，听从施工人员指挥，严禁酒后开车，禁止做与本作业无关的事
5		物的因素	行车轨道有杂物、积雪等	高处坠落、物体打击等			驾驶人员进入驾驶室前应清理干净行车轨道及顶部浮沙积雪
6			保险滚轮、滑触线等异常	高处坠落、物体打击等			开车前，应检查液位、保险滚轮、滑触线，确保完好有效后启动车辆进行原地试车，试车完毕后，方可允许作业人员进入工作斗
7			未配备充足的消防灭火器材	火灾等			驾驶室要配备合理充足的消防器材，发生火灾后，应立即切断电源，使用二氧化碳、干粉或干砂灭火
8		环境因素	夜间作业，照明不足	高处坠落、物体打击等			夜间作业前，检查照明灯具，并开灯观察视线效果，确保灯具完好，光线充足方可进行作业
9			工作斗作业范围内有电线、电缆等	物体打击、高处坠落等			坞壁作业车工作斗需与电线、电缆等障碍物保持合理的安全距离

表 33(续)

序号	作业活动	安全风险因素	安全风险原因	安全风险危害	安全风险分析方法	安全风险等级	管控措施
10	坞壁作业车作业	环境因素	暴风雨、大风、大雾等恶劣天气环境	高处坠落、物体打击等			遇到暴风雨、浓雾、6 级及以上大风天气时,作业人员应停止作业
11		管理因素	为指定坞壁作业车作业安全操作规程和安全管理规定	高处坠落、物体打击、触电等			指定坞壁作业车作业安全操作规程和安全管理规定,并组织培训教育
12			无日常检点记录	高处坠落、物体打击、触电等			进行日常检查,包括班前、班中和班后,对日常事故隐患进行自我排查,形成记录
13			使用工作斗搬运物品和上下人员	高处坠落、物体打击等			坞壁作业车工作斗不得作业搬运物品和人员上、下的工具
14			工作斗载重超负荷	高处坠落、物体打击等			工作斗载重不得超过 250 kg,载人不得超过两人
15			作业结束后,未按规定停放工作斗	物体打击等			作业结束后,将作业车驶向指定位置停放,工作斗拉高搁妥,清洁车身,物件摆放至指定位置,关闭滑触线电源,清理驾驶室,锁好门窗
16			未制订事故应急处置方案	高处坠落、物体打击、触电等			根据坞壁作业车作业安全风险导致的事故类型制订应急处置方案

表 34　危险化学品作业安全风险因素清单

序号	作业活动	安全风险因素	安全风险原因	安全风险危害	安全风险分析方法	安全风险等级	管控措施
1	危险化学品作业	人的因素	危险化学品(以下简称危化品)作业人员未按规定穿戴劳防用品	火灾、爆炸、职业性皮肤病、职业性耳鼻喉口腔疾病,职业性化学中毒等			1　管理部门应为危化品作业人员提供必要的劳防用品,作业人员应佩戴手套和相应的防毒口罩或面具,穿好防护服; 2　易燃液体的作业应穿防静电工作服,不应穿钉鞋,选用适宜的个人劳防用品,救援人员应佩戴防护器具
2			作业人员将手机、打火机、电子物品带入作业现场	火灾、爆炸等			严禁将手机、打火机、电子物品等带入作业现场,进入作业现场前先消除静电,相关随身物品存放在专门存放点
3			危化品作业中或作业结束后未清洗即饮食	中毒、职业病危害等			接触有毒化学品的作业中不应饮食,不应用手擦嘴、脸、眼睛等,作业完毕应及时清洗面部、手部
4		物的因素	存储、运输、装卸设备设施不符合防爆要求	火灾、爆炸等			危化品的运输应做好接地措施,车辆排气管加设火花防护罩,存储仓库的照明、通风设备采用防爆型,装卸器具及电气设备应符合防火、防爆要求
5			安全设备设施失效或出现故障	火灾、爆炸等			作业前,对安全设备实施进行检查,确保完好有效,定期对避雷、通风、照明设施进行检测和维修,确保符合防火防爆要求
6			易燃易爆化学品存放点附近有无线电通信设备	火灾、爆炸等			易燃易爆化学品现场及附近禁止使用无线电通信设备,不应动火作业
7			危化品作业场所和生活区等其他场所安全距离不符合要求	火灾、爆炸等			危化品作业场所应与其他场所区分开,场所附近不应住人

表34(续1)

序号	作业活动	安全风险因素	安全风险原因	安全风险危害	安全风险分析方法	安全风险等级	管控措施
8	危险化学品作业	环境因素	危化品存储仓库通风不符合要求	火灾、爆炸等			危化品存储仓库应采取自然通风和机械通风相结合,通风设备采用防爆型
9			暴风雨、大雾等恶劣天气	火灾、爆炸、职业性皮肤病、职业性耳鼻喉口腔疾病,职业性化学中毒等			遇到雨雪、大雾、6级以上大风等恶劣天气时,作业人员应停止作业
10		管理因素	未制定安全操作规程或现场未张贴	火灾、爆炸、职业性皮肤病、职业性耳鼻喉口腔疾病,职业性化学中毒等			管理部门应按要求制定安全操作规程,组织教育培训,并在作业场所醒目处张贴
11			危化品作业前未制订作业方案、安全措施和应急预案	火灾、爆炸、职业性皮肤病、职业性耳鼻喉口腔疾病,职业性化学中毒等			危化品作业前,应制订作业方案、安全措施和应急预案,现场安排专人进行安全管理
12			危化品仓库未登记进出人员	火灾、爆炸、职业性皮肤病、职业性耳鼻喉口腔疾病,职业性化学中毒等			危化品仓库应实行人员进出登记,并有专人值班
13			消防设施和器材配备不足或不满足要求	火灾、爆炸等			1　危化品仓库应按《建筑灭火器配置设计规范》(GB 50140－2015)的要求配备足够的消防设施和器材; 2　消防器材应放置在明显和便于取用的地点,周围不应堆放物品; 3　仓库的消防设施、器材应有专人管理,负责检查、保养、更新和添置,确保完好有效

表 34(续 2)

序号	作业活动	安全风险因素	安全风险原因	安全风险危害	安全风险分析方法	安全风险等级	管控措施
14	危险化学品作业	管理因素	危化品仓库未安装避雷设施或未按要求进行检测	火灾、爆炸等			危化品仓库应设有避雷设施,并按国家要求每年检测两次
15			露天场所未设遮阳设施	火灾、爆炸等			露天作业场所应设置遮阳设施,必要时应设置喷淋装置
16			未按要去设置警示标志和危险因素告知牌	火灾、爆炸、职业性皮肤病、职业性耳鼻喉口腔疾病;职业性化学中毒等			危化品应按《安全标志及其使用导则》(GB 2894－2008)的规定设置安全标志,并设置危险因素告知牌,作业时设置警戒区域
17			使用电磁起重机和链条、钢丝绳等吊装危险化学品	火灾、爆炸等			装卸时,严禁使用电磁起重机、连涛、钢丝绳等易产生静电的设备设施进行吊装

表35　易燃易爆和有毒有害气体检测作业安全风险因素清单

序号	作业活动	安全风险因素	安全风险原因	安全风险危害	安全风险分析方法	安全风险等级	管控措施
1	易燃易爆和有毒有害气体检测作业	人的因素	现场作业人员未穿戴劳防用品或劳防用品穿戴不规范;	中毒、窒息、其他伤害			1　管理部门应为员工配备符合标准要求的劳防用品; 2　作业人员应提高安全意识,现场作业必须按要求穿戴劳防用品
2			作业人员未按操作规程进行操作	火灾、爆炸、中毒、窒息、其他伤害			1　培训部门应及时组织作业人员进行相关作业培训; 2　作业人员应提高安全意识,现场作业必须按操作规程进行
3			未做好通风,便进入密闭舱内进行检测	中毒、窒息、其他伤害			应加强作业人员日常培训,确保作业人员作业符合程序
4			检测点选择不正确	火灾、爆炸、中毒、窒息、其他伤害			应加强作业人员日常培训,确保作业人员作业符合程序
5			检测后未做好记录工作,并未通知后续作业部门检测结果	火灾、爆炸、中毒、窒息、其他伤害			应加强作业人员日常培训,确保作业人员作业符合程序
6		物的因素	检测工具不准确,或检测前未对工具进行校对	火灾、爆炸、中毒、窒息、其他伤害			1　设备部门应定期为检测工具进行检测; 2　作业人员应拒绝使用未检测过的工具
7			手持照明工具不防爆	火灾、爆炸、中毒、窒息、其他伤害			1　设备部门应为作业人员提供防爆工具; 2　作业人员作业前应确认所使用工具防爆
8		管理因素	1　未办理危险作业审批许可手续或作业许可未闭环管理; 2　作业审批单已过期,未重新审批	火灾、爆炸、中毒、窒息、其他伤害			1　作业部门应加强日常安全管理,确保危险作业审批许可闭环管理,审批单处在有效时限内; 2　作业人员应提高安全意识,确保危险作业许可手续顺利完成

表 35(续)

序号	作业活动	安全风险因素	安全风险原因	安全风险危害	安全风险分析方法	安全风险等级	管控措施
9	易燃易爆和有毒有害气体检测作业	管理因素	未执行双人监护要求	火灾、爆炸、中毒、窒息、其他伤害			作业部门应加强日常安全管理,舱内施工执行双人监护要求
10			舱室内照明亮度不足	物体打击、其他伤害			舱室内清理油舱/柜作业应配备充足照明设备
11			舱室内通风不良	火灾、爆炸、窒息			1 设备部门应为现场设置足够的通风、排风设施; 2 管理部门应加强现场安全管理,人员进入船舱作业前,进行有效的通风换气

表 36　厂内运输作业安全风险因素清单

序号	作业活动	安全风险因素	安全风险原因	安全风险危害	安全风险分析方法	安全风险等级	管控措施
1	厂内运输作业	人的因素	厂内运输作业人员未按规定穿戴劳防用品	车辆伤害等			管理部门应为作业人员提供必要的劳防用品,告知其正确穿戴方法,安全管理部门应监督检查作业人员劳防用品穿戴情况
2			驾驶员未取得资格证书或证书过期	车辆伤害等			1　驾驶员需经过国家劳动部门或公安交通管理部门进行专业培训、技术考核取得驾驶证后,方可允许驾驶车辆; 2　对特殊专用车辆,应取得专用部门的操作证书
3			作业人员年龄、健康情况不满足要求	车辆伤害等			1　驾驶员应年满 18 周岁,应体检合格后方可上岗,患有职业禁忌证者(心脏病、高血压、色盲、耳聋等)不允许从事驾驶工作; 2　驾驶员应每两年进行一次体检,体检记录记入职业健康档案
4			作业人员工作间隙在车内休息睡觉	车辆伤害等			工作间隙严禁在车内睡觉休息,身体疲劳时不应驾驶车辆
5			酒后驾驶,在车内吸烟、饮食、攀谈或其他有碍行车安全的活动	车辆伤害等			严禁酒后驾车,不得在行驶时出现有碍行车安全的行为
6		物的因素	刹车等安全设备失灵	车辆伤害等			驾驶车辆前应对车辆进行检查,不驾驶不符合安全要求的车辆
7			信号等故障或损坏	车辆伤害等			作业前,检查信号等是否完好无缺,发现故障及时修理
8			货物未固定牢靠,载物高度超出撤销栏板	车辆伤害等			载物高度超出车厢栏板时,应固定牢靠,禁止货物上乘坐人员

表 36(续 1)

序号	作业活动	安全风险因素	安全风险原因	安全风险危害	安全风险分析方法	安全风险等级	管控措施
9	厂内运输作业	物的因素	车辆出现漏油、漏水、漏气现象，轮胎气压不足灯光、喇叭、雨刮器、后视镜破损等	车辆伤害等			作业前，驾驶员应对车辆进行全面检查，确保各部件安全有效方可进行作业
10			车辆超速行驶	车辆伤害等			厂区车速主干道不应超过 30 km/h；其他道路不应超过 20 km/h；进出厂门及厂房、仓库时，车速不应超过 5 km/h，道路不良时，不应超过 10 km/h。
11			暴风雨、大雾等恶劣天气	车辆伤害等			根据天气条件做出评估，恶劣天气情况下，能见度在 5 m 以内时，应停止行驶，路面冰雪打滑应在轮胎上安装防滑链
12			行驶道路不平，路上障碍物等	车辆伤害等			根据运输计划的路线，提前对道路进行清理，确保运输道路安全畅通
13		环境因素	驾驶员培训教育不符合要求	车辆伤害等			1　应对驾驶员进行年生并定期进行技术考核与安全教育； 2　技术考核至少每两年一次，安全教育每周一次；从事驾驶工作的新工人和代培、实习人员、应进行三级教育培训，并在指定教练员带领下学习 3－6 个月，进考核取得驾驶证后方准单独驾驶； 3　脱离岗位 6 个月者，应进行复岗培训； 4　装卸作业人员培训时间不少于 40 h； 5　建立培训教育档案
14			未制订厂内运输作业计划	车辆伤害等			厂内运输作业前应下达运输作业计划，掌握运输路线、作业方式、货物情况、安全措施和注意事项，并将上述情况向驾驶员和装卸人员交代清楚

表 36(续 2)

序号	作业活动	安全风险因素	安全风险原因	安全风险危害	安全风险分析方法	安全风险等级	管控措施
15	厂内运输作业	管理因素	未设置专人引导驾驶和疏导其他车辆和行人	车辆伤害等			管理部门应设专人在前方引路并疏导其他车辆和行人,专人在车后巡视车辆周围情况并配合驾驶员进行操作
16			驾驶室超载超额坐人	车辆伤害等			厂内运输车辆驾驶室严禁超额坐人
17			与吊装作业等交叉作业	车辆伤害、起重伤害等			交叉作业时,应统一指挥,统一协调,吊装作业时应将车辆停驶到安全地方,驾驶员离开驾驶室
18			未设置专人管理车辆安全	车辆伤害等			运输部门或车辆所属单位应设专人进行车辆安全管理
19			作业车辆未按规定取得号牌和行驶证	车辆伤害等			1 车辆应按交通管理部门的规定接受检验,逾期未检车辆禁止继续行驶; 2 厂外行驶的车辆转为厂内行驶时,应对其进行检验取得厂内运输车辆号牌和行驶证后,方可允许行驶
20			厂内运输车辆确实技术档案	车辆伤害等			车辆应建立技术档案,包括技术数据、生产厂家、生产日期、购进日期、所属部门名称、车牌号、驾驶员信息等
21			车辆随意停放	车辆伤害等			1 距通勤车站、加油站、消防车库和消防栓 20 m 内禁止停放车辆;坡度大于 5°禁止停放; 2 交叉路口,危险地段、桥梁等地段禁止停放
22			未按规定进行定期检查	车辆伤害等			1 每季度应由车辆所属部门组织驾驶员进行自检,自检项目包括制动系统、转向系统、安全装置和行驶传动机构等; 2 管理部门应每年组织有关人员进行检查,特殊专用车辆还应对其特有的机构装置按车辆设计规范进行检查,并形成检查档案

表 36(续 3)

序号	作业活动	安全风险因素	安全风险原因	安全风险危害	安全风险分析方法	安全风险等级	管控措施
23	厂内运输作业	管理因素	运输易燃易爆等危险物品时未保持安全距离	火灾、爆炸、车辆伤害等			运输易燃易爆等危险物品应保持车辆与其他物体的安全距离,两台以上车辆跟踪运输时,两车最小间距不小于 50 m,严禁超出,不得紧急制动,中途停车选好安全地点,货物未卸载完毕,驾驶员和押运员不得离开

表37　主机安装、调试作业安全风险因素清单

序号	作业活动	安全风险因素	安全风险原因	安全风险危害	安全风险分析方法	安全风险等级	管控措施
1	主机安装、调试作业	人的因素	1　起重作业人员未持证上岗或证书已过期； 2　电气作业人员未持证上岗或证书已过期	起重伤害、触电、物体打击、火灾			1　教育培训管理部门应组织起重设备操作人员以及电气作业人员参加特种设备操作人员或特种作业人员培训，并确保特种作业人员证有效； 2　教育培训管理部门及作业部门应加强日常安全教育； 3　作业主管应加强日常监管
2			现场作业人员未穿戴劳防用品或劳防用品穿戴不规范	高处坠落、物体打击			1　管理部门应为员工配备符合标准要求的劳防用品； 2　作业人员应提高安全意识，现场作业必须按要求穿戴劳防用品； 3　作业主管应加强日常监管
3		物的因素	未根据主机大小尺寸，预先拆除机舱内影响吊装的障碍物	其他伤害			作业部门应根据主机大小尺寸，预先拆除机舱内影响吊装的障碍物
4			舱室内照明亮度不足	物体打击、其他伤害			舱室内主机安装、调试作业应配备充足照明设备
5		环境因素	舱室内通风不良	火灾、爆炸、窒息			1　设备部门应为现场设置足够的通风、排风设施； 2　管理部门应加强现场安全管理，人员进入船舱作业前，进行有效的通风换气
6		管理因素	主机等重大件吊运未经审批	起重伤害、物体打击			作业部门开展特殊重大件移位作业前，应办理许可审批手续，填写特殊重大件移位作业申请表，经相关部门审批后方可实施作业
7			使用丙酮、柴油等清洗剂未经审批	火灾、爆炸			作业部门应加强日常监管，保证丙酮、柴油等清洗剂未经审批需经审批方能使用

表37(续1)

序号	作业活动	安全风险因素	安全风险原因	安全风险危害	安全风险分析方法	安全风险等级	管控措施
8	主机安装、调试作业	管理因素	临时用电时,未申请	触电			作业部门应加强日常监管,保证经过审批后方能进行临时用电作业
9			1 未根据主机重量,选择相应的吊索具; 2 未确认吊索具完好性	起重伤害			作业部门应根据主机重量,选择相应的吊索具,并保证吊索具的完好性
10			清洁主机下平面,未拉设警戒,未禁止无关人员进入,且周围未禁止明火	物体打击、火灾			作业部门应加强现场监管,洁主机下平面,应拉设警戒,并禁止无关人员进入及明火
11			1 主机浇环氧基座面板清洁时,未拉设警戒、禁止明火; 2 未做好通风工作,并未在告示栏公示	火灾、窒息			1 作业部门应加强现场监管,主机浇环氧基座面板清洁时,应拉设警戒、禁止明火; 2 作业部门应做好通风工作,并在告示栏公示
12			主机动车前未做好各项检查工作	物体打击、触电、火灾、其他事故			作业部门在主机动车前应按规定做好各项检查工作
13			主机动车过程中轴系区域未禁止无关人员进入	机械伤害			作业部门应加强现场监管,主机动车过程中轴系区域应禁止无关人员进入
14			主机完车后,未切断辅助设备电源	触电			作业部门应加强现场监管,主机完车后,应切断辅助设备电源
15			作业完成后未撤出相关警戒,并未清理现场	物体打击、触电、火灾、其他事故			作业部门应加强现场监管,作业现场应拉好警戒线、准备好相关防火、防滑物品
16			作业完成后剩余的柴油、环氧桶等未集中回收	火灾			作业部门应加强现场监管,作业完成后剩余的柴油、环氧桶等应未集中回收

表 37(续 2)

序号	作业活动	安全风险因素	安全风险原因	安全风险危害	安全风险分析方法	安全风险等级	管控措施
17	主机安装、调试作业	物理因素	舱室内高温	中暑			1　作业部门应避免安排高温天气进行舱室施工作业; 2　作业人员应加强安全意识,高温天气做好个人防护工作

表 38　电气安装调试作业安全风险因素清单

序号	作业活动	安全风险因素	安全风险原因	安全风险危害	安全风险分析方法	安全风险等级	管控措施
1	电气安装调试作业	人的因素	电气作业人员未经安全技术考核	触电、火灾、爆炸			教育培训管理部门应组织电气作业人员参加培训，考核合格后方可上岗
2			1　现场作业人员未穿戴劳防用品或劳防用品穿戴不规范 2　电气作业人员在作业过程中佩戴金属饰品	触电、火灾、爆炸、高处坠落、物体打击			1　管理部门应为员工配备符合标准要求的劳防用品； 2　作业人员应提高安全意识，现场作业必须按要求穿戴劳防用品； 3　禁止作业人员佩戴金属饰物； 4　作业主管应加强日常监管
3			作业结束后先切断电源，再停止设备运转	火灾			作业人员应严格按照操作规程操作，作业结束后应先停止设备运转，再切断电源
4		物的因素	舱室内使用的手提灯，额定电压超过 36 V	触电、火灾			作业部门应加强现场管理，确保作业人员使用符合要求的手提灯
5			供电箱、柜、门盖破损变形	触电、火灾			作业管理部门应加强现场管理，确保供电箱、柜、门盖等完好无损
6			在舱室内易燃易爆场所安装的设备不符合《爆炸性环境 第 1 部分：设备通用要求》（GB 3861.1－2010）中的相关规定	触电、火灾、爆炸			作业管理部门应加强现场管理，确保舱室内易燃易爆场所安装的设备应符合《爆炸性环境 第 1 部分：设备通用要求》（GB 3861.1－2010）中的相关规定
7			潮湿、高温、有易燃易爆物品的舱室等场所的电气装置不符合《危险场所电气防爆安全规范》（AQ 3009－2007）中有关要求	触电、火灾、爆炸			作业管理部门应加强现场管理，确保潮湿、高温、有易燃易爆物品的舱室等场所的电气装置应付符合《危险场所电气防爆安全规范》（AQ 3009－2007）中有关要求

表38(续1)

序号	作业活动	安全风险因素	安全风险原因	安全风险危害	安全风险分析方法	安全风险等级	管控措施
8	电气安装调试作业	物的因素	电缆敷设作业过程中脚手架搭设不牢固,位置不合适	高处坠落			作业部门应加强现场安全检查,确保电缆敷设作业过程中脚手架搭设牢固,位置合适
9		环境因素	舱室内照明亮度不足	触电、高处坠落、物体打击			舱室内电气作业应配备充足照明设备
10			舱室内通风不良	火灾、爆炸、窒息			1　设备部门应为现场设置足够的通风、排风设施; 2　加强现场安全管理,人员进入船舱作业前,进行有效的通风换气
11		管理因素	1　未办理危险作业审批许可手续或作业许可未闭环管理; 2　带电作业审批单已过期,未重新审批	触电、火灾、爆炸			1　作业部门应加强带电作业现场安全管理; 2　必须严格电作业审批手续,并采取有效防范措施; 3　教育培训管理部门及作业部门应加强日常安全教育; 4　现场班组应加强日常施工管理; 5　作业主管加强日常监管
12			在有监护要求的场所进行作业时,未指定专人进行监护	触电、火灾、爆炸			作业部门应加强现场安全管理,在有监护要求的场所进行作业时,指定专人进行监护
13			船舶调试通电未接专用电源、总配电板,并无专人值班;未悬挂通电标志,未做相关记录;下班时值班人员未将调试用电路切断	触电、火灾、爆炸			1　作业部门应加强现场安全管理,确保船舶调试通电接专用电源、总配电板,并派专人值班; 2　悬挂通电标志,并做相关记录; 3　下班时值班人员将调试用电路切断
14			电缆拉设过程未安排专人指挥	其他伤害			作业部门应加强现场安全管理,电缆拉设过程应安排专人指挥

表38(续2)

序号	作业活动	安全风险因素	安全风险原因	安全风险危害	安全风险分析方法	安全风险等级	管控措施
15	电气安装调试作业	管理因素	电缆安装作业紧固件、贯通件安装的不完整	其他伤害			作业部门应加强现场安全管理,各种电缆安装作业紧固件、贯通件应安装完整
16			电缆线路中及拉放点附近存在障碍物	其他伤害			作业部门应加强现场安全管理,确保电缆线路中及拉放点附近不存在障碍物
17		物理因素	舱室内高温	中暑			1　作业部门应避免安排高温天气进行舱室施工作业; 2　作业人员应加强安全意识,高温天气做好个人防护工作

表 39　大型设备维修作业安全风险因素清单

序号	作业活动	安全风险因素	安全风险原因	安全风险危害	安全风险分析方法	安全风险等级	管控措施
1	大型设备维修作业	人的因素	各类作业人员未经过培训合格即上岗,特种作业工种未取得特种作业证或证书已过期	物体打击、机械伤害			维修钳工、起重工、起重机司机、电工等应经过培训合格,特种作业工种应取得特种作业证并持上岗
2			作业人员班前饮酒、吸毒,上岗时精神状态不正常	物体打击、机械伤害			管理人员应加强现场管理,确保参与作业人员班前无饮酒、吸毒,上岗时精神状态正常
3			作业人员劳防用品穿戴不正确	物体打击、机械伤害			参与作业人员应正确穿戴相关防护用品
4			作业人员未遵守相关岗位安全操作规程和设备安全操作规程	物体打击、机械伤害			参与作业人员在操作过程中应遵守相关岗位安全操作规程和设备安全操作规程
5			使用千斤顶、手拉葫芦进行装配调整时,千斤顶放置和手动葫芦系挂要不牢固	物体打击			使用千斤顶、手拉葫芦进行装配调整时,千斤顶放置和手动葫芦系挂要牢固
6			立体交叉作业上下操作位置未错开	物体打击			应避免立体交叉作业,当无法避免时,上下操作位置应错开,随身所带的物品要妥善放好,严禁上、下抛扔,以防伤人
7			电动设备修理时未切断电源,并未设置相应的警示标志	触电			作业人员对电动设备进行修理时必须切断电源,取下熔断器、断开开关,并在电源开关处挂好“有人作业,禁止合闸”警示牌
8			不了解设备设施的结构便进行维修作业	机械伤害			作业人员维修操作时,应对设备设施的结构、构造有清楚的了解,顺序操作
9			采用不适配的工具进行锯、锉、刮、锤、扳、拧等用人力操作	其他伤害			在进行锯、锉、刮、锤、扳、拧等用人力操作时,所用工具应适配,用力应适度

表39(续1)

序号	作业活动	安全风险因素	安全风险原因	安全风险危害	安全风险分析方法	安全风险等级	管控措施
10	大型设备维修作业	人的因素	机械设备运动部部位、部件在运行中便进行维修	机械伤害			严禁对运行中的机械设备运动部部位、部件进行维修
11			油类的箱体、瓶、盒未统一归类回收	环境污染			作业过程中,如遇有存有油类的箱体、瓶、盒时,应将存油放尽并倒入专用盛器内,统一归类回收
12			设备修理完毕,试车之前,无专人进行认真的检查	机械伤害			设备修理完毕,试车之前,应有专人进行认真的检查,经负责人复查后,确认无误,才可通知电工接通电源
13			起重机试车时,未见起重司机配合	起重伤害			起重机试车时,应有起重司机配合。严禁其他人员操作
14			作业完成后未做到杂物清、料净	其他伤害			作业完成后应将作业处杂物清除干净,工器具、替换下的零部件等带离现场
15		物的因素	作业前,参与作业人员未检查确认所用设备、工具的完好性	物体打击、机械伤害			作业前参与作业人员应检查确认所用设备、工具的完好性,发现问题及时解决
16			作业中未使用安全低压或电池供电的自备照明灯具	触电			作业中使用的自备照明灯具,应使用安全低压或电池供电
17			操作过程中需电工、起重设备、叉车配合作业时,未由相应持证人员操作	机械伤害			操作过程中需电工、起重设备、叉车配合作业时,必须由相应持证人员操作
18			在调试机械设备未见相关设备操作人员在场配合,并未采取必要的安全措施	其他伤害			在调试机械设备前,必须由相关设备操作人员在场配合,并采取必要的安全措施,在做好明显警告标志后,方可通电调试

表39(续2)

序号	作业活动	安全风险因素	安全风险原因	安全风险危害	安全风险分析方法	安全风险等级	管控措施
19	大型设备维修作业	物的因素	维修过程拆卸下的机件乱堆乱放,影响通道和环境	其他伤害			1　维修过程拆卸下的机件应堆放在指定的地点,放平垫稳; 2　禁止乱堆乱放,影响通道和环境
20			操作过程中安装或拆卸的部件乱堆乱放	物体打击			操作过程中安装或拆卸的部件,应堆放整齐稳妥
21			用油类清洗部件时,未设置禁火标志	火灾			1　用油类清洗部件时,应设置禁火标志; 2　禁止用易燃易爆的油类、溶剂清洁设备或地面
22			设备设施维修结束后,未将维修中拆下的安全装置、防护装置和保险装置复原装好	物体打击			设备设施维修结束后,应将维修中拆下的安全装置、防护装置和保险装置复原装好,并确认其功能有效
23		环境因素	专用临时动能源管线未由有相应资质人员架设	其他伤害、触电			专用临时动能源管线应由有相应资质人员架设,管线应架空设置并予以标志
24			作业人员在进入维修现场时,未确认照明条件、现场环境和逃生路线	其他伤害			作业人员在进入维修现场时,应确认照明条件,了解现场环境和逃生路线,避免磕碰、绊摔等情况
25			未组织人员清理维修作业现场	其他伤害			现场指挥应组织人员清理维修作业现场
26			焊割和涂装作业时,未确认现场条件符合相关作业要求	火灾			作业人员在作业现场进行焊割和涂装作业时,应确认现场条件符合明火作业和涂装作业要求
27			在肢体活动受限部位操作时,未选择适当的操作位置	其他伤害			作业人员在肢体活动受限部位操作时,应选择适当的操作位置,在有可能导致磕、碰、砸、划、割、挤、烫、触电等伤害情况下,应采取适当的防护或保护措施
28			高处作业前未系挂好安全带,并未做好相关防护措施	高处坠落			作业人员在高处作业前,应系挂好安全带,必要时应张挂安全平网、立网

表39(续3)

序号	作业活动	安全风险因素	安全风险原因	安全风险危害	安全风险分析方法	安全风险等级	管控措施
29	大型设备维修作业	环境因素	在高处平台作业时,未设置临时防护栏杆	高处坠落			作业人员在高处平台作业时,管理部门应设置临时防护栏杆
30			在有监护要求的场所进行作业时,未指定专人进行监护	中毒和窒息			作业人员在有监护要求的场所进行作业时,管理部门应指定专人进行监护,禁止单人操作
31			使用梯子登高作业时,梯脚无防滑措施	高处坠落			作业人员使用梯子登高作业时,梯脚要有防滑措施,并放置在坚固的支持物上,必要时应有人扶持
32			作业过程中未对现场进行清理	其他伤害			作业人员作业过程中,管理部门应对现场进行清理,避免物件影响操作和磕碰、绊摔
33		管理因素	大型设备设施维修前未办理相关审批手续	其他伤害			大型设备设施维修前应办理相关审批手续
34			作业前未指定一名作业现场指挥	物体打击、机械伤害			作业前,管理部门应指定一名作业现场指挥,所有参与作业人员均应听从作业现场指挥的工作安排,按要求顺序开展作业活动
35			作业开始前现场指挥未根据相关维修工艺技术文件制订维修实施计划	物体打击、机械伤害			作业开始前,管理部门应由现场指挥根据相关维修工艺技术文件制订维修实施计划,明确各工作节点时间、工种、设备等
36			专用临时动能源(电、油、气等)管线时,未按有关规定办理许可审批手续	其他伤害			如需为维修作业安装架设专用临时动能源(电、油、气等)管线时,应按有关规定办理许可审批手续,并获得批准

表39(续4)

序号	作业活动	安全风险因素	安全风险原因	安全风险危害	安全风险分析方法	安全风险等级	管控措施
37	大型设备维修作业	管理因素	大型设备维修作业前未设置警告牌,无专人监护	物体打击、机械伤害			大型设备维修作业前,应根据受影响区域范围设备警戒区域,在通道上放置“禁止通行”警告牌,禁止无关人员和车辆进入,必要时应派专人监护
38			两人以上一起工作时,未指定专人指挥,密切配合	物体打击、机械伤害			两人以上一起工作时,应指定专人指挥,密切配合

表 40　大型构件冷加工作业安全风险因素清单

序号	作业活动	安全风险因素	安全风险原因	安全风险危害	安全风险分析方法	安全风险等级	管控措施
1	大型构件冷加工作业	人的因素	冷加工作业(校平、弯板、折边、刨边、冲压、液压、弯管、剪板等)人员未按规定穿戴劳防用品	物体打击、机械伤害、触电等			管理部门应为冷加工作业人员配备必要的劳防用品,并组织培训。作业人员正确穿戴工作服、高帮防砸鞋等劳防用品,衣服紧身贴服,束紧袖管,长发人员戴好工作帽,严禁戴围巾、手套操作等
2			冷加工作业人员违反操作规程或未经培训上岗	物体打击、机械伤害、触电等			制定冷加工作业相关安全操作规程,做好岗位安全操作规程培训,考核合格方可上岗
3			作业人员或其他无关人员站立在碎屑飞溅范围	物体打击等			设备开动迁要观察周围动态,启动后,人员要站在安全位置上,避开设备运动补位和碎屑飞溅方向
4			设备运转时,作业人员临时离开工作岗位	物体打击、机械伤害、触电等			禁止在设备运转时离开工作岗位,确定需要离开的,应停车并切断电源
5			清理设备上的碎屑时用嘴吹	物体打击、职业病等			清扫设备上的碎屑时应使用毛刷,禁止用嘴吹
6			作业人员工序混乱,未按工序流程操作或未按统一指挥操作	物体打击、机械伤害等			弯管机等设备的工序只能由一个操作人员独立完成,弯板机等设备的操作应由专人统一指挥,各部位人员密切配合,听从指挥完成
7			超负荷使用冷加工设备	物体打击、机械伤害等			在使用冷加工设备时禁止为达到加工效果超负荷使用设备
8		物的因素	安全、防护装置有缺陷或私自改装	物体打击、机械伤害、触电等			管理部门班前检查时应检查安全、防护装置,确保安全、防护装置有效后方可进行作业
9			工、夹、刀具及工件装夹不牢固或刀具等伸出过长	物体打击、机械伤害等			管理部门作业前检查工件,确保工件装夹牢固,刀具等容易割伤的工件应确保在安全控制范围内,且有相应的安全防护装置

表40(续)

序号	作业活动	安全风险因素	安全风险原因	安全风险危害	安全风险分析方法	安全风险等级	管控措施
10	大型构件冷加工作业	物的因素	电线破损或安全接地装置存在缺陷	触电等			作业前应检查电机、开关、线路、接地装置等,确保安全后方可开机作业
11		环境因素	设备及其周围物件乱摆放,碎屑等物料、油污未及时清理	物体打击、机械伤害等			保持设备及其周围干净整洁,对产生的废料、油污等应及时清理干净
12			液压、冲压、剪板等操作过程中噪音超过限值	职业性耳鼻喉口腔疾病			在作业现场张贴职业危害因素及其危害,定期进行职业危害因素监测并进行告知,正确佩戴耳塞等劳防用品
13		管理因素	未制定冷加工设备和岗位安全操作规程和或未张贴在现场	物体打击、机械伤害、触电等			企业应制定冷加工作业相关的安全操作规定,并张贴在现场,对相关作业人员进行安全培训
14			冷加工设备无点检记录或点检记录有问题	物体打击、机械航海、触电等			对冷加工设备进行班前检查与定期检维修,保存好检查记录
15			缺少安全指示、警示标志或标志有缺陷	物体打击、机械伤害、触电等			根据风险因素分析及危害后果,在设备或作业现场的醒目处张贴指示警示标志
16			液压机未空转检查即进行作业	物体打击、机械伤害等			液压机工作前应启动设备空转一段时间,检查油箱油位、油泵声响、液压单元及管道、接头、活塞等,确保安全可靠,方可试压
17			液压机等附近抽烟或进行焊接等动火作业或存在易燃易爆物品	火灾、爆炸等			液压机周边不得抽烟,在没有安全防护的措施下不得进行焊接、切割等动火作业,周围不得存放易燃易爆物品